Selbstanalyse

Die heilende Biographie
ihre Abfassung und ihre Auswirkung

Von

Dr. med. et phil.

Klaus Thomas D.D.

1972

Georg Thieme Verlag
Stuttgart

Dr. med. et phil. Klaus Thomas D. D.
Arzt und Psychotherapeut, 1 Berlin 37, Glockenstraße 17

Umschlagentwurf von Professor Kurt Weidemann, Stuttgart

Gesamtherstellung: Buchdruckerei Lauk, Altensteig

ISBN 3 13 **4862** 01 8

Inhaltsverzeichnis

Einleitung

Schrifttum zur Selbstanalyse

Das vorliegende Buch ist aus der Arbeitsgemeinschaft mit den Patienten der Ärztlichen Lebensmüdenbetreuung Berlin hervorgegangen[1]. Die hier dargestellte Methode ist also aus der Praxis erwachsen und für die Praxis bestimmt. Ein Erfahrungsbericht schließt jedoch das theoretische Studium, insbesondere die Auseinandersetzung mit der wissenschaftlichen Literatur, nicht *aus,* sondern gerade *ein.*

Zehn Jahre systematischen Suchens danach in zahlreichen Fachbibliotheken blieben fast ohne Ergebnis. In einem weiten Sinn ist zwar jede Autobiographie, deren es einige Zehntausend gibt, auch eine Art Selbstanalyse, weil und soweit sie einen nachdenklichen Rechenschaftsbericht über das eigene Leben enthält. Eine systematische Arbeit am eigenen Charakter aber, die auf der Grundlage vertiefter Selbsterkenntnis zu einer gereiften Selbstverwirklichung führt, suchen wir in den üblichen Lebensbeschreibungen vergeblich.

Eher schon lassen sich Spuren selbstanalytischer Besinnung in DANTES Monumentalwerk, der „Göttlichen Komödie", finden, deren gewaltige Visionen uns einen tiefen Einblick in das Weltbild seiner Zeit, aber auch in die Erkenntnisse und das Ringen seiner eigenen Seele vermitteln.

Noch einen Schritt weiter führt sein Zeitgenosse DEGUILLEVILLE, der im 14. Jahrhundert „Le Pélerinage de l'homme" schrieb, jene nachdenkliche Allegorie von einem „Jedermann", der auszieht, um von dieser in die jenseitige Welt zu wallfahrten und dabei Einsichten über sich selbst sammelt.

Doch erst sein berühmtester Nachfolger, der Kesselschmied JOHN BUNYAN, der 1678 im Gefängnis sein weltberühmtes Werk „The Pilgrims Progress" schrieb, ließ seine inneren Schauungen weit über ein übliches Erbauungsbuch hinaus zu einem Spiegel werden, in dem er den Sinn seines eigenen Lebens erkannte und der Millionen seiner späteren Leser für ihren geistlichen Lebensweg die gleiche Erfahrung vermitteln wollte.

Wenn psychotherapeutische Methoden in der Mitte des 20. Jahrhunderts in einer inneren Bilderschau die vertikale Richtungsvorstellung als einen Weg der Selbstklärung einführen, wie es ROBERT DESOILLE in seinem Rêve

---

[1] Das gilt auch für alle früheren Bücher des Verfassers, die damit ergänzt werden (vgl. S. 145ff.).

éveillé dirigé empfiehlt und wie I. H. SCHULTZ und der Verfasser es in die Oberstufe des autogenen Trainings aufgenommen haben, so sind wir uns dabei nur selten der Ratschläge von BUNYAN bewußt, der in seinem Kerker visionär auf einer Bergeshöhe Sonne und Wärme, Licht und Klarheit für seinen Lebensweg findet.

Lange vor IMMANUEL KANT regt BUNYAN zu der selbstanalytischen Frage an: Was soll ich tun? wobei er die beiden anderen Grundfragen der Philosophie (und der Selbstanalyse) unausgesprochen zwischen den Zeilen stehen läßt, ihre Antworten aber in unumstößlicher Heilsgewißheit erteilt:

Was können wir wissen? und was dürfen wir hoffen?

ESTHER HARDING (1954) hat in ihrem Buch „Selbsterfahrung" nicht zuletzt aus diesen Gründen JOHN BUNYANS Buch einer umfassenden individualpsychologischen Auswertung unterzogen, ohne daß sie freilich zu der Schlußfolgerung des vorliegenden Buches gelangt mit seiner Frage:

Wie kann der kranke oder der gesunde Mensch vor der Schwelle des dritten Jahrtausends durch Arbeit an sich selbst Gesundheit und innere Freiheit finden?

E. PICKWORTH FARROW schrieb 1942 das Buch "A practical method of self-analysis enabling a person to remove unreasoning fears and depression from his mind". Von diesem höchst persönlichen Lebensbericht, der einen Einblick in das Wesen der Psychoanalyse vermittelt, ist vor allem das Vorwort von SIGMUND FREUD bedeutsam. Er kannte den Autor und empfiehlt das Buch deshalb so warm, weil es „den Prozeß der Selbstanalyse beharrlich anwendet, den ich einmal selbst benutzte, um meine eigenen Träume zu analysieren (. . . a consistent application of the process of self-analysis which I had once used myself in order to analyse my own dreams)". So wichtig das Befürworten einer systematischen Selbstanalyse durch FREUD als der höchsten Autorität auf diesem Gebiete erscheint, so kann doch der Bericht über eine Selbstanalyse nicht die Anleitung ersetzen, die das vorliegende Buch beabsichtigt.

Ein einziges Fachbuch schließlich entspricht wenigstens teilweise dem Ziel der folgenden Kapitel: Es ist KAREN HORNEYS Werk (1942) „Self-analysis" das hier einleitend ausführlich zu referieren ist:

Die berühmte amerikanisch-deutsche Psychoanalytikerin betont, wie notwendig und fruchtbar eine aktive Mitarbeit des Patienten für eine konstruktive Psychoanalyse sei. Einsichten, die er selbständig gewinnt, wirken wesentlich nachhaltiger und tiefer und ermutigen stärker.

Freilich haben wir uns vor dem gefährlichen Mißverständnis zu hüten, als stelle die Selbstanalyse gleichsam einen spielerischen Spaziergang in ein unbekanntes Land dar. Kein erfahrener Psychoanalytiker kann solchem leichtfertigen Optimismus das Wort reden angesichts des mühevollen, nur dem Ernst, der Ehrfurcht und der Geduld zugänglichen Unterfangens, das den Einsatz aller Kräfte und aller Konzentration erfordert.

Andererseits wendet sich *Karen Horney gegen den Verdacht, als sei der Prozeß der Selbstanalyse schon deshalb nicht möglich, weil ein Patient* dann seine in der Kindheit verwurzelten Affekte nicht in der Über*tragungssituation dem Analytiker gegenüber verarbeiten könne.* Es sind keineswegs nur intellektuelle Einsichten, die die Selbstanalyse vermittelt, und in der Regel soll ein solcher Patient gar nicht jeder Verbindung zu einem Analytiker entraten. Sie wird nur auf einen Bruchteil der sonst üblichen Zeit verkürzt und erleichtert dann das Überwinden unerwünschter Übertragungsbindungen.

Wie häufig wird die Gefahr unterschätzt, an die auch *Freud* dachte, daß mit fortschreitender Psychoanalyse der Patient seinen Gesundheitszustand nur dem Analytiker zuliebe besser erscheinen läßt.

Gerade die Selbstanalyse ermöglicht es, die verborgenen Fähigkeiten des Patienten selbstverantwortlich einzusetzen; denn wenn wir als Analytiker, so argumentiert *Karen Horney,* uns gegenüber dem Laien-Patienten auf unsere fachlichen Qualifikationen berufen, dann lähmen wir seine Tatkraft und zwingen den Patienten aus der notwendigen Arbeitsgemeinschaft in die Haltung einer blinden Gefolgschaft.

Auch in einem weiteren entscheidenden Argument können wir *Karen Horney* nur beipflichten: Sie beruft sich nicht nur auf theoretische Gedankengänge, sondern auf ihre praktischen Erfahrungen mit der Selbstanalyse, die gerade bei solchen Patienten Erfolge zeitigte, die schon eine längere Einzelanalyse in klassischer Form mit begrenzten Ergebnissen hinter sich hatten.

Die wesentlichen Mechanismen neurotischer Störungen wurzeln in unbewußten Bereichen. Dabei mag sich z. B. ein neurotischer Drang zur Selbstbestätigung als Hilfsbereitschaft tarnen, zwangsneurotische Züge als Ordnungsliebe. Wenn wir auch gewöhnt sind, daß solche Fälschungen der Motive und Fehlhaltungen sich nur in gemeinsamer Arbeit mit dem Psychoanalytiker klären lassen, so wäre es doch ein Vorurteil, der Selbstanalyse von vornherein die Möglichkeit abzusprechen, durch wachsende Einsicht gerade diese unbewußten Zusammenhänge zu erkennen[2].

---

[2] Karen Horney schließt in ihrem zweiten Kapitel eine Art Neurosenlehre an, ohne die sich der Prozeß der Selbstanalyse einem tieferen Verständnis entzieht. Wir haben diesem Thema eine besondere Veröffentlichung gewidmet: Seelische Störungen erkennen, vermeiden und heilen (vgl. S. 146).

Karen Horney sieht in der Selbstanalyse drei Stadien:

in einem ersten Teil soll der Patient lernen, sich so frei als irgend möglich auszudrücken,

in einem zweiten, seine unbewußten Antriebe und deren Einflüsse auf sein Leben zu erkennen und

in einem dritten, seine Fehlhaltungen gegen sich selbst und die Umwelt zu ändern.

Die Fähigkeit, sich ungehemmt auszudrücken, wird entscheidend durch die freien Assoziationen erleichtert.

Einsicht in die unbewußten Antriebe und Verdrängungen wird vornehmlich bei einer selbstkritischen Beobachtung der eigenen Affekte offenbar.

Das dritte Ziel eines neuen und vertieften Verstehens der Umwelt und einer wachsenden Kontaktfähigkeit pflegt sich von selbst als Begleiterscheinung der zunehmenden Selbsterkenntnis einzustellen.

Der Psychoanalytiker, so fährt *Karen Horney* im fünften Kapitel fort, soll fünf Hauptaufgaben gerecht werden: beobachten, verstehen, deuten, Widerstandskräfte wecken und allgemein menschliche Hilfe bieten.

Wie unterschiedlich begegnet dem Analytiker das Verhalten der Patienten, von denen einer in der Analyse eine interessante Wissenserweiterung erblickt, ein anderer dagegen ängstlich und sorgsam seine Geheimnisse zu hüten trachtet, während ein dritter stolz darauf ist, nunmehr zu den Auserwählten zu gehören, denen die Auszeichnung einer Psychoanalyse zuteil wird. So fruchtbar sich dabei die Gegenwart des Analytikers zum Lösen der genannten fünf Aufgaben erweist, so läßt andererseits auch die Selbstanalyse wesentliche Vorteile erkennen: fast immer ist der Patient zu sich selber ehrlicher als zum Analytiker. In der Selbstanalyse ist er viel stärker angewiesen auf die meist verkümmerte Fähigkeit zur Selbstbeobachtung, die den analytischen Vorgang ausschlaggebend fördert.

Mag die Selbstanalyse im Durchschnitt langsamer fortschreiten als die ständig gemeinsame Arbeit mit dem Analytiker; auch in der klassischen Analyse bleibt der Fortschritt ganz vorwiegend abhängig von der Einsicht des Patienten und weit weniger von dem Verständnis des Analytikers.

Wenn *Freud* einen jungen Analytiker einmal tröstete, das Wesen der Analyse liege viel weniger im richtigen Deuten der Einfälle als viel mehr im richtigen Umgang mit dem Widerstand des Patienten, so gilt dies auch für die Selbstanalyse. Ein Kranker kann aber auch lernen, seine Widerstände selbst zu erkennen und zu überwinden.

Wie viele Patienten wehren sich innerlich dagegen, unabhängig zu werden; sie suchen Partner, die sie beherrschen, an denen sie sich rächen, über die sie triumphieren können. Nicht nur die Möglichkeit, Affekte auf den Analytiker zu übertragen, führt dabei zu einer Selbsterkenntnis, sondern auch der umgekehrte Weg ist gangbar, die – vielleicht schwierigere – *Selbstanalyse mit ihren Erkenntnissen läßt die Fehlhaltungen solcher Übertragung überflüssig werden.*

Karen Horney unterscheidet zwischen gelegentlicher Selbstanalyse in Krisenzeiten (für die sie Beispiele, aber keine Anleitung gibt) und systematischer Selbstanalyse, für die sie den Willen und die Fähigkeit dazu als Voraussetzungen ansieht. Das Selbstverständnis der Träume[3] wird auch von *Karen Horney* anhand zahlreicher Beispiele in seiner Bedeutung gewürdigt mit dem nur allzu berechtigten Rat, die Träume selbst und die Einfälle dazu aufzuschreiben. Sie empfiehlt dabei dem Patienten, nicht an einen zukünftigen Leser der Selbstanalyse und der Träume zu denken und deshalb schönfärbend zu entstellen, sondern völlig aufrichtig nur der wahrhaftigen Selbstdarstellung die Aufmerksamkeit zuzuwenden.

In ihren Ratschlägen zur Selbstanalyse (die das neunte Kapitel bilden) hebt *Karen Horney* die Aufgabe hervor, möglichst spontan, ohne Rücksicht auf Logik oder gar wissenschaftliche Systematik, alle Gedanken, Einfälle und Emotionen aufzuschreiben und nachdenklich Schlußfolgerungen daraus zu ziehen. In voller Übereinstimmung mit unseren eigenen Erfahrungen betont sie, wie notwendig eine umfassende körperliche, besonders auch internistische Untersuchung eines jeden Kranken ist, damit ja nicht körperliche Ursachen für scheinbar seelische Störungen übersehen werden.

Am Schluß ihres Buches führt *Karen Horney* nochmals zu dem Grundproblem des Widerstandes zurück, denn sie sieht den Haupteinwand gegen die Selbstanalyse in dem verständlichen Bedenken, die Methode erlaube dem Patienten nicht, seine Widerstandshaltung auf den Analytiker zu übertragen und dadurch schließlich zu überwinden. Die günstigen Erfahrungen allein genügen ihr nicht, diesen Einwand zu entkräften. Nur eine grundsätzliche Besinnung auf das Menschenbild kann diese Frage klären. Solange wir den Menschen nur „von Trieben im allgemeinen und vom Todestrieb insbesondere beherrscht sehen, so lange bleibt wenig – wenn überhaupt – Raum für die eigenständigen Kräfte zum Wachstum und der Entwicklung der Persönlichkeit ... diesen

---

[3] Auch wir sehen auf diesem Gebiet eine zentrale Frage der Selbstanalyse, der in der gleichen Reihe das Buch gewidmet ist: Träume – selbst verstehen (vgl. S. 146).

Teil der Lehre *Freuds* teile ich nicht ... das Gelingen der Selbstanalyse wie jeder Analyse hängt vielmehr von beidem ab: von der Stärke der Kräfte des Widerstandes, aber auch von der Stärke der Persönlichkeit, diese Widerstände zu überwinden"[4].
Gerade diese Erkenntnis von *Karen Horney* können wir von unseren Erfahrungen mit bisher über 5000 Selbstmordgefährdeten nur unterstreichen. Bei keinem von ihnen fanden wir einen „Todestrieb", sondern nur den übermächtigen Selbsterhaltungstrieb, der sie noch während einer Selbstmordhandlung um Hilfe rufen läßt. Diese Aufbaukräfte lassen uns mit *Karen Horney* ein wesentlich optimistischeres Bild von dem Menschen und seinem Leben gewinnen. Wenden wir, wie *Karen Horney* vorschlägt, die Energien der Rache und des Widerstandes hin zum Aufbau einer neuen Persönlichkeit, so werden Unabhängigkeit und seelische Gesundheit sich wesentlich schneller einstellen als mit den Äußerungen des Widerstandes, in dem der Patient keine Träume mehr bringt, tieferen Gesprächen ausweicht oder gar die Behandlung abbricht.
Gewiß gibt es eine Widerstandshaltung auch in der Selbstanalyse. Wenn der Patient mit seinen Gedanken abschweift, wichtige Zusammenhänge nicht erkennt, wenn er seine Analyse „vergißt" oder notwendigen Entscheidungen oder Handlungen ausweicht, so lassen sich solche Fehlhaltungen bei einer der seltenen Besprechungen mit dem Arzt wesentlich leichter erkennen und abbauen als in einem langwierigen und nicht zuletzt kostspieligen Ringen des Patienten mit seinem Analytiker in den gewohnheitsmäßig häufigen Analysestunden.

Insgesamt bietet das Buch von Karen Horney eine ebenso tiefschürfende wie analytisch fachkundige Verteidigung der Selbstanalyse, unterstützt durch Erfahrungsberichte. Wer als Psychoanalytiker seine verständlichen Bedenken gegen die Selbstanalyse ins Feld führt, wird sich vor die Aufgabe gestellt sehen, die vorn zitierten Empfehlungen der Selbstanalyse durch Sigmund Freud zu entkräften und vor allem die hier ausführlich wiedergegebene Untersuchung von einer der anerkanntesten und erfahrensten Psychoanalytikerinnen zu widerlegen. Ihren allzu kritischen und perfektionistischen Kollegen hält sie ernste Einwände entgegen: Wie unfair wäre es, eine ideale Psychoanalyse, die es nur allzu selten gibt, mit den begrenzten Möglichkeiten der Selbstanalyse zu vergleichen! „Eine Selbstanalyse ist doch nie abgeschlossen", so wurde Karen Horney vorgeworfen. „Wann aber hätten wir das Recht, von einer klassischen Einzelanalyse zu sagen, sie sei nun erfolgreich beendet?"

---

[4] Karen Horney a.a.O. Seite 269.

Das folgende Buch will nicht die von KAREN HORNEY vorgenommene Verteidigung der Selbstanalyse fortsetzen, es will vielmehr eine zentrale Frage beantworten, die in den anderen Büchern nicht gestellt, geschweige denn beantwortet wird:

Wie geschieht die Selbstanalyse praktisch? Welche Anleitungen und Hinweise können wir dem Patienten an die Hand geben, mit denen er in die Lage versetzt wird, diese wichtige Arbeit am eigenen Charakter konkret durchzuführen?

1964 haben wir erstmals auf die Bedeutung und die praktischen Erfahrungen mit der schriftlichen Selbstanalyse (im Handbuch der Selbstmordverhütung, Enke-Verlag, Stuttgart, S. 125 ff.) hingewiesen, doch erscheint ein systematischer und ausführlicher Überblick über die inzwischen wesentlich reichhaltigeren Ergebnisse wünschenswert.

An Beispielen darf es dabei nicht fehlen; doch können Berichte, zumal wenn sie sich der psychoanalytischen Fachsprache bedienen, die praktischen Richtlinien nicht ersetzen, die in den folgenden Kapiteln bewußt in allgemeinverständlicher Sprache gegeben werden.

I. Theorie von der Lebensgeschichte und ihrem vertiefenden Einblick

(Die Bedeutung der biographischen Schicksalsanamnese)

Sinn und Aufgabe der Selbstanalyse

Lehre und Praxis der Selbstanalyse

(Von der Wissenschaft der Menschenkenntnis zur Arbeit am eigenen Charakter)

Die psychologische Selbstanalyse sucht auf wissenschaftlicher Grundlage einer praktischen Aufgabe gerecht zu werden.

1. *Wissenschaftlich* will die Selbstanalyse uns um einen weiteren[5] Schritt einem fernen und hohen Ziel näherbringen, nämlich Antworten zu finden auf die Frage: „Was ist der Mensch?" Systematisch und unvoreingenommen beschäftigen wir uns dabei mit dem Forschungsgegenstand, der uns allen zur Verfügung steht: mit dem *eigenen* Wesen und Leben.

Allzu lange und einseitig waren Aufmerksamkeit, Beobachten und Erforschen von dem Streben beherrscht, *andere* Menschen zu erkennen und zu verstehen.

Kinder und Jugendliche, Schüler und Studenten, Arbeitslose und Berufsgruppen, Gefährdete und Kriminelle, Abhängige und Kranke, Geheilte und Gesunde, Invaliden und Alte, Angehörige verschiedener Volks-, Rassen-, Klassen- und Religionszugehörigkeit – alle diese und viele andere Menschengruppen wurden umfassenden medizinischen, psychologischen, pädagogischen, ethnologischen, soziologischen bis hin zu religions- und missionswissenschaftlichen Untersuchungen und Prüfungen unterworfen. Nur ein verschwindender Bruchteil dieser Mühe galt jedoch der wissenschaftlichen Selbstbeobachtung.

Vergleichbar vielfältig wendete sich das praktische Bemühen den Aufgaben der Erziehung, dem Beurteilen und Verurteilen, der Menschenbildung und

[5] Mittelbar sind dieser Aufgabe alle bisher erschienenen Bücher des Verfassers gewidmet, einer unmittelbaren Teilantwort ist das Buch bestimmt: Die künstlich gesteuerte Seele (1970).

-führung, der Resozialisierung, der Beratung und Behandlung zu, fast gar nicht jedoch der ungleich aussichtsreicheren Arbeit am eigenen Charakter.

2. *Praktisch* wollen wir dabei einen Beitrag leisten zur Lösung von zwei Aufgaben:

a) Selbstanalyse kann und soll *jedem gesunden Menschen*[5] durch eine vertiefte Selbsterkenntnis ein Stück weiterhelfen auf dem Weg zu einem reicheren, stärker bewußten Anteilnehmen an der Umwelt, zu einem nachträglichen Verstehen von Erlebnissen, einem Lernen aus den Fehlern, einem Erkennen der gegenwärtigen Aufgabe, einem Erahnen des eigenen Lebensplanes und -sinnes und ihn vorbereiten für die Aufgaben der Zukunft, kurz: Selbstanalyse kann einen wichtigen, wenn nicht den wichtigsten Beitrag leisten zu dem genannten Hauptziel, der Arbeit am eigenen Charakter.

b) Selbstanalyse kann und soll *vielen neurotisch kranken Menschen*[6] angesichts des verhängnisvollen Mangels an Fachärzten als Notbeistand dienen. Sie vermag einen vorbereitenden, ergänzenden und gelegentlich einen eigenständigen Weg zur Selbsthilfe weisen, der den Kranken zurückführt zu den Quellen seiner seelischen Störungen und Verletzungen. Dadurch lernt er, sie nachträglich wenigstens teilweise zu verstehen und zu verarbeiten.

Die Selbstanalyse geleitet ihn zu einer unabhängigen Gestaltung seiner Beziehungen in Beruf und Familie, damit er seine Lebensaufgaben sachlicher, leistungsfähiger und mit mehr Freude bewältigt. Zwar erreicht glücklicherweise nur eine geringe Zahl von neurotischen Erkrankungen jene Tiefenschichten der Persönlichkeit, die den Nestor der modernen Psychotherapie SCHULTZ dann von „Kern- oder Charakterneurosen" sprechen ließ, doch bedeutet das Heranreifen eines jeden seelisch gestörten Menschen zu einer selbständigen, harmonischen, lebensfrohen Persönlichkeit wiederum ein Stück Charakterbildung.

Solche anspruchsvoll klingenden Behauptungen sind noch nicht dadurch gerechtfertigt, daß rund 400 Patienten unserer Ärztlichen Lebensmüdenbetreuung während der letzten 20 Jahre eine solche systematische Selbstanalyse unternommen und über die Einzelheiten und Ergebnisse sorgfältig Protokoll geführt haben. Diese Erfahrungen ermutigen zwar und bringen Beispiele, ersetzen aber nicht logisches Denken und sorgfältige Begründungen.

---

[6] Die wichtigsten Fragen: Wer und was ist gesund? Wer und was neurotisch krank? können hier nicht ausführlich behandelt werden; ihnen ist das Büchlein: „Seelische Störungen ..." in der gleichen Reihe gewidmet (vgl. unten S. 146).

Geschichte und Gestalt der Selbstanalyse

(Von der Ahnung der Dichter zur Forschung der Psychiater)

Dichter als Psychologen

In genialer Vorausschau hatte der englische Dichter Alexander Pope (1688 bis 1744) gefordert: „Das eigentliche Studium der Menschheit ist der Mensch." La Mettrie konnte noch in der ersten Hälfte des 18. Jahrhunderts die Summe seiner Menschenkenntnis in die beiden Worte zusammenfassen: „L'homme machine" – der Mensch ist eine Maschine.

Doch schon Johann Kaspar Lavater (1741–1801), der Schweizer Pfarrer, Philosoph und Dichter, betonte als Gegner der Aufklärung und der Französischen Revolution das Wesen und den Wert des Gemütes. Er schaute das Antlitz des Menschen an und schrieb seine „Physiognomischen Fragmente zur Beförderung der Menschenkenntnis und Menschenlehre".

Wenige Jahre später (1782) wagte dann J. J. Rousseau in seinen „Confessions" erstmals, das eigene Erleben in aller Offenheit zum Gegenstand psychologischer Forschung zu erheben.

Die eigentliche Geschichte der Selbstanalyse aber beginnt erst mit Johann Gottfried Herder (1744–1803), der nicht nur die deutsche Geschichtsphilosophie begründete, sondern auch der Literaturwissenschaft, der Völkerkunde und der Psychologie entscheidende Anregungen vermittelte, der den Rationalismus überwinden und der Romantik die Bahn bereiten half und in enger Geistes- und Arbeitsgemeinschaft mit Lessing, Goethe, Schiller und Jean Paul sich der Forschung vom Menschen widmete.

Vor seinem theologischen Studium hatte Herder sich einige Semester der Medizin gewidmet und jene Weite und Tiefe der Einsicht gewonnen, die ihn schreiben ließ: „Würde ein Mensch den tiefsten, individuellsten Grund seiner Liebhabereien und Gefühle, seiner Träume und Gedankenfahrten zeichnen können, welch' ein Roman! ... und oft welche Ungeheuer und blaue Meerwunder wird man gewahr?"

Wie Goethe erkannte: „Seele des Menschen – wie gleichst du dem Wasser!" so spricht auch sein Freund Herder von der Seele als einem „Meer von Tiefen, wo Welle über Welle sich regt". Gerade mit diesem Bild nehmen die *Dichter* nicht nur die Weisheit des 139. Psalms wieder auf, sondern ahnen auch voraus, was modernste Methoden psychologischer Selbstanalyse in der Oberstufe des autogenen Trainings (auf der Grundlage der Forschungen von Desoille) erkennen gelehrt haben, nämlich die Offenbarung der Geheimnisse aus den Tiefen des eigenen – von Freud „unbewußt" genannten – Seelenlebens.

Schon SHAKESPEARE zeichnete mit einzigartiger psychologischer Meisterschaft Lady Macbeth mit ihrer Zwangsneurose, Ophelia mit ihrer Psychose, Hamlet mit seiner täuschenden Simulation und viele andere typische Charaktere mit ihrem Verhalten und ihrer Entwicklung bis hin zu der „Widerspenstigen Zähmung". Die Dichter FRIEDRICH SCHILLER, GEORG BÜCHNER, aber auch HANS CAROSSA, A. JOSEPH CRONIN, AXEL MUNTHE und GOTTFRIED BENN haben uns – gerade auch weil sie Ärzte waren – tiefe Einblicke in die menschliche Seele vermittelt.

Psychiater als Biographen

Ausschlaggebend aber für die Verbindung zwischen Lebensschicksal und Krankheit war der Einfluß von FREUD, der die Biographie der Patienten um die Tiefendimension des von ihm so genannten „Unbewußten" erweiterte. Er lehrte die Lebensgeschichte der Kranken nicht so sehr aus ihren bewußten Erinnerungen verstehen als vielmehr aus ihren Träumen und ihren Einfällen dazu, die zum Wesen der Psychoanalyse gehören.

VIKTOR VON WEIZSÄCKER baute auf FREUDS Erkenntnissen auf und schrieb: „Das Wesen der Krankheit ist biographisch; darum kann die Erkenntnis der Krankheit nur eine biographische sein."

Nicht zuletzt die liebevolle Sorgfalt, mit der ein Psychiater wie ERNST KRETSCHMER seine „genialen Menschen" oder auch die Persönlichkeit der Hysteriker zeichnet, ähnelt der Schau des Dichters.

CLAUSER (1963) fordert in seinem grundlegenden Werk „Lehrbuch der biographischen Analyse"[7] mit Recht, die Krankengeschichte müsse zur Leidensgeschichte der erkrankten Persönlichkeit erweitert und vertieft werden. Nur so gewinnen wir Verständnis für Eigenart und Verlauf der Erkrankungen, für Anfälligkeit und Widerstandskraft und erkennen selbst bei scheinbar körperlichen Leiden, warum nicht alle Menschen, die etwa mit bestimmten Krankheitserregern in Berührung kommen, sich anstecken oder gar einer Infektion erliegen.

Dabei kommt einer genauen – von CLAUSER als „biographische Analyse" bezeichneten – psychologischen Selbstanalyse nicht nur diagnostischer Wert zu, der uns Eigenart und Ursprung von Störungen verstehen läßt, sondern vor allem therapeutische Bedeutung, d. h., das Erkennen der Lebens- und Sinnzusammenhänge stellt einen wesentlichen Schritt zur Heilung dar.

Beispielhaft für eine Selbstanalyse ist schließlich das „Lebensbilderbuch eines Nervenarztes" von I. H. SCHULTZ (1971), dessen Genie es vergönnt war, in seinem neunten Lebensjahrzehnt nicht nur seinen eigenen Weg

---

[7] Einige historische Angaben dieser Abschnitte fußen auf seiner Arbeit.

durch das 20. Jahrhundert zu verfolgen, sondern auch seine Zeitgenossen so meisterhaft zu skizzieren, daß er zugleich ein Stück deutscher Kulturgeschichte gestaltete.

Wesen und Wert der Selbstanalyse

(Von der „unbewußten" Affektverdrängung zur Arbeit mit dem freien Einfall)

Was ist Selbstanalyse?

Selbstanalyse als Tiefenpsychologie und Psychotherapie

Psychologische Selbstanalyse ist ein Teil der sogenannten Tiefenpsychologie, denn sie betrifft nicht in erster Linie den bewußten Bereich seelischen Erlebens, den ARISTOTELES als Denken, Fühlen und Wollen kennzeichnete und dem in späterer Zeit Wahrnehmungen, Erinnerungen, Vorstellungen, Phantasien, Strebungen, Triebe usw. in unendlicher Mannigfaltigkeit von Systemen und Übersichten angegliedert wurden. Vielmehr liegt das Schwergewicht der Selbstanalyse in jenem Gebiet, das FREUD als „das Unbewußte" systematisch erforschte.

Als Teilgebiet der Tiefenpsychologie ist auch die Selbstanalyse einerseits beheimatet im gesunden Bereich mit der eben erwähnten vertieften Besinnung, Erinnerung, der Rechenschaft einer Lebensbilanz mit Folgerungen, Entschlüssen und Entscheidungen, mit Einsichten, Klarheiten und Plänen. Andererseits aber reicht die Selbstanalyse wesenhaft hinein in die Psychotherapie, in die Weite der vergessenen, versunkenen, verdrängten Erlebnisinhalte längst vergangener und überwunden geglaubter Kränkungen und seelischer Verletzungen. Sie deckt die verschütteten Ursprünge quälender Spannungen, neurotischer Hemmungen, verborgener Ängste, bedrohlicher Aggressionen, störender Mißstimmungen, unverständlicher Affektausbrüche usw. auf und trägt damit – oft bemerkenswert oder gar ausschlaggebend – zur Erhaltung oder zum Wiederherstellen der seelischen Gesundheit und Arbeitsfähigkeit bei.

Selbstanalyse als Arbeit mit dem freien Einfall?

Wenn wir unter den zahlreichen Merkmalen des Werkes von FREUD mit Prof. HOFF in Wien als ein Grundkennzeichen betonen: „Psychoanalyse ist die Arbeit mit dem freien Einfall", so würde in diesem Sinn an wesentlicher Stelle auch die Selbstanalyse zur „Psychoanalyse" gehören, denn auch sie arbeitet mit diesem freien Einfall.

Die klassische *Psychoanalyse* beruht dabei auf dem Dialog, mehr noch auf dem Monolog des Patienten auf der Couch. Der Analytiker sitzt schweigsam am Kopfende der Liege und fragt nur gelegentlich nach den Einfällen zu einzelnen Trauminhalten.

Die meisten dieser Kennzeichen entfallen bei der Selbstanalyse. Couch und Ohr des Analytikers fehlen ebenso wie seine Frage: „Was fällt Ihnen dazu ein?"

Ließe sich etwa dieses Ohr des Analytikers – wenigstens bis zu einem gewissen Grade – durch sein Auge ersetzen, das die Erlebnisse des Patienten zwar erst später, aber wesentlich schneller erfassen kann? Könnte etwa dieser Patient sich die Frage nach seinen Einfällen selbst stellen?

Ein Haupteinwand wird dann bestehen bleiben: In der Selbstanalyse fehle mit der Übertragung auf den Analytiker das Grundkennzeichen der Analyse. Niemand könne seine Affekte auf sich selbst übertragen.

Schon KAREN HORNEY hat sich intensiv mit diesem Einwand auseinandergesetzt (vgl. oben S. 3): In der Regel fehlt ja der Psychoanalytiker auch bei der Selbstanalyse nicht völlig, und die seltenen gemeinsamen Besprechungen reichen für das Zustandekommen einer klärenden und heilenden Übertragungsbindung aus. Selbst wenn diese Stunden völlig fehlen würden und wir dann um der begrifflichen Klarheit willen besser von Selbsterziehung, Selbstklärung oder Arbeit am eigenen Charakter sprechen würden, behalten wir hier auch dann den Ausdruck „Selbstanalyse" bei, weil die vielen Ratschläge und sonstigen Einzelkennzeichen übereinstimmen. Darüber hinaus pflegt jede „klassische" Psychoanalyse in eine Selbstanalyse einzumünden; sie soll hier nicht näher besprochen werden; doch auch für eine fortgesetzte systematische Selbstanalyse, die sich der analytischen Behandlung anschließt, will das vorliegende Buch Anregungen vermitteln. Mag also die Selbstanalyse in den Zielen und in manchen Arbeitsmethoden mit der klassischen Psychoanalyse übereinstimmen, die genannten Unterschiede erlauben nicht, beide Wege einander gleichzustellen.

Selbstanalyse als Gruppentherapie?

Die Selbstanalyse unterscheidet sich auch von anderen tiefenpsychologischen Methoden:

Sie ist nicht der *Gruppentherapie* unterzuordnen, obwohl sich zahlreiche Teilnehmer zum Erlernen dieser Methode zusammenfinden.

Gruppentherapie setzt vielmehr außer der geringeren Zahl – die selten 12 übersteigt – nach BATTEGAY, SCHINDLER, SLAVSON und vielen anderen gerade einen persönlichen Austausch, eine Gruppendiskussion, das befreiende Gespräch in einem Kreis voraus. In einer größeren Gemeinschaft sind vorwiegend kurze, sachliche Diskussionen möglich und erwünscht.

In der Selbstanalyse geschieht die Unterweisung zwar in einer Gruppe; die eigentliche Arbeit aber, gerade auch die analytische Klärung, muß in der Stube des einzelnen – und gerade nicht in der Gruppe – folgen.

Selbstanalyse gehört also dem tiefenpsychologischen und dem psychotherapeutischen Bereich an, ihrem Wesen nach aber ist sie weder der Psychoanalyse noch der Gruppentherapie gleichzusetzen oder unterzuordnen.

Arten der Selbstanalyse, ihre Möglichkeiten und Grenzen

Ärztlich angeleitete und ständig begleitete Selbstanalyse

Als Unterstützung zu anderen Methoden der Psychotherapie dient sie einem gründlicheren, vertieften Verarbeiten vorwiegend der analytischen Behandlung, einer Aktivierung des Patienten und damit insgesamt einer beträchtlichen Verkürzung der Psychotherapie. Bei solchem Einsatz als zusätzliche Hilfsmethode zur Psychoanalyse, besonders bei schwer neurotisch Kranken (z. B. mit Kernneurosen), sieht der Arzt den Patienten und seine Aufzeichnungen wöchentlich einmal oder öfter.

Ärztlich angeleitete und regelmäßig – wenn auch selten – begleitete Selbstanalyse

Selbstanalyse kann auch neben dem autogenen Training als Hauptmethode der Behandlung dienen. Dann soll sie weitgehend eine nicht mögliche oder nicht unbedingt erforderliche, regelmäßige analytische oder sonstige Einzelpsychotherapie ersetzen. Solche „Hilfe zur Selbsthilfe" erscheint vor allem bei nicht zu schweren schichtneurotischen Störungen gerechtfertigt sowie als Notlösung angesichts des zahlenmäßigen Mißverhältnisses von einem Psychotherapeuten auf je 10 000 behandlungsbedürftige Neurotiker.

Mit anderen Worten: Eine vorwiegend selbstanalytische Behandlung ist intensiver Einzelpsychotherapie sicher unterlegen, andererseits aber gar keiner Behandlung weit vorzuziehen. Bei dieser Form der Selbstanalyse sucht der Patient den Arzt mindestens einmal im Monat auf.

Ärztlich angeleitete und eingeleitete, aber völlig selbständig durchgeführte Selbstanalyse

Sie dient als Ersatz für eine nicht mögliche oder nicht zwingend erforderliche Psychotherapie für Kranke mit leichten Neurosen, meist Randneurosen. Aber auch für sachlich interessierte Psychologen ist sie als Selbstversuch geeignet. Anderen Gesunden dient diese Selbstanalyse zur Vorbeugung gegen seelische Erkrankungen sowie zu vertieftem Verständnis der eigenen Person und der Mitmenschen. Bei dieser Art fehlen meist ärztlich-therapeutische Einzelgespräche.

Auch bei dieser Gruppe ist jedoch eine sorgfältige psychiatrische und psychotherapeutische Eingangsuntersuchung unerläßlich, damit nicht etwa bei präpsychotischen Persönlichkeiten ein schizophrener Schub während einer Selbstanalyse ausbricht. Besondere Vorsicht ist deshalb bei schizoiden, besonders bei introvertierten Persönlichkeiten geboten, denen in der Regel von einer selbständigen Analyse abzuraten ist.

Ärztlich angeregte (z. B. durch Bücher), *aber selbständig eingeleitete und durchgeführte Selbstanalyse*

Sie kommt nur für seelisch sicher gesunde Menschen in Frage, in erster Linie für Ärzte und Psychologen, die zur beruflichen Fortbildung und aus den genannten persönlichen Gründen Wert auf vertiefte psychologische Einsicht legen, weil sie sich für verborgene, seelische Zusammenhänge sowie für die Hintergründe und die Motive ihres eigenen Lebens interessieren. Hier entfällt jeder unmittelbare ärztliche Kontakt für die Durchführung.

Seelisch Erkrankte also, die ohne ärztliche Begleitung oder anstelle psychotherapeutischer Behandlung Selbstanalyse betreiben, können sich damit schaden, wenn sie z. B. verborgene Konflikte und Ängste aufdecken, deren Ausbrüchen sie nicht gewachsen sind. Schlafstörungen, Kopfschmerzen, Depressionen und noch ernstere Erscheinungen seelischer Krankheit können sich einstellen, wenn ohne ärztliche Verordnung, Anleitung und Begleitung neurotisch Kranke die hier besprochenen Übungen durchführen.

Sollten sich unter den Lesern dieses Buches solche neurotisch Kranken befinden, so können sie gern die besprochenen Tatsachen zur Kenntnis nehmen, keinesfalls aber die später in diesem Buch empfohlenen praktischen Anleitungen ohne ausdrückliche ärztliche Anweisung befolgen. Wer neurotische Krankheitserscheinungen empfindet oder auch nur den Verdacht darauf hegt, wer Ängste, Zwänge, Hemmungszustände, Depressionen, Beeinträchtigung von Arbeits- und Kontaktfähigkeit spürt, muß unbedingt einen fachkundigen Arzt aufsuchen. Nur wem ein Arzt die Selbstanalyse empfohlen hat, der ist eingeladen, den Übungen praktisch zu folgen, die in den späteren Kapiteln ausführlich zu besprechen sind.

Ob überhaupt bei völlig fehlender Verbindung zum Arzt eine Selbstanalyse im eigentlichen Sinn zustande kommt, darf bezweifelt werden; doch auch eine vertiefte Selbsterkenntnis und eine Arbeit am eigenen Charakter, die im rationalen Bereich verhaftet bleiben, tragen einen erheblichen Wert in sich selber (vgl. S. 7 ff., 140 ff.).

Zusammenfassung

a) Selbstanalyse ist also
nicht täuschender Wahn,
als könnten seelische Erkrankungen ohne fachliche, ärztliche Hilfe geheilt werden,
nicht kurpfuscherisches Unterfangen,
das mit einheitlichen Massensuggestionen individuelle Konflikte zu lösen vorgibt,
nicht trügerischer Trost für seelisch Leidende,
als gäbe es ein leicht wirksames Patentrezept gegen alle oder viele qualvolle neurotische Störungen.

b) Selbstanalyse ist vielmehr
Unterstützung für den überlasteten Psychotherapeuten (Arzt),
dem von durchschnittlich drei Behandlungsstunden der Patient – nach unseren Erfahrungen – je zwei durch regelmäßige, zielbewußte eigene Mitarbeit abnimmt,
Mobilisierung und Aktivierung des Kranken,
der seine vielfach schlummernden Kräfte und Fähigkeiten einsetzen will, um selbst an seiner Gesundheit zu arbeiten,
Antwort für viele,
die nach tieferer Erkenntnis und Einsicht über ihr eigenes Wesen fragen und nach innerer Fortentwicklung streben.

Aus der besonderen Eigenart unserer Arbeit und zugleich als Hinweis, warum und in welcher Weise wir gerade diese Methode seit 20 Jahren intensiv entwickelt und systematisch ausgearbeitet haben, fügen wir hinzu: Selbstanalyse ist *nicht zuletzt* der unausweichlich situationsbedingte, in vieler Hinsicht unvollkommene, vielleicht sogar bedenkliche *Notausweg* einer Ärztlichen Lebensmüdenbetreuung, an deren Türen täglich neurotisch Kranke erstmals klopfen, die zwingend, manche davon in Lebensgefahr, psychotherapeutische Behandlung suchen und brauchen. Sie ist dann keineswegs immer eine ideale Behandlungsmethode, aber sie ist die beste, die wir leisten können bei jährlich über 1000 neuen psychotherapeutisch und psychiatrisch behandlungsbedürftigen Patienten.

Aufrichtig dankbar sind wir dann für jede Kritik, die hilft, unsere Behandlungsmethoden zu verbessern. Wir fragen aber jeden, der nur bemängeln will, daß Selbstanalyse als Therapie nicht intensiv genug sei, ob er als

Psychotherapeut bereit ist, unsere Kranken mit zu behandeln. Er ist uns herzlich als Mitarbeiter willkommen; freilich muß er – wie wir – bei über 90% der Patienten auf ein Honorar verzichten.

Wir bekennen uns zu dem Grundsatz:

Lieber gewähren wir 1000 Patienten im Jahr unvollkommene Hilfe als gar keine.

Lieber begleiten wir sie selten in Besprechungen über ihre Selbstanalyse, als daß wir sie einsam ihrem Schicksal überlassen.

Lieber vermitteln wir ihnen die Erfahrung und Aussicht: Du kannst selbst dein Leben ein Stück weit klären, daran arbeiten, es neu gestalten, als daß wir ihnen jede Hoffnung rauben und sie in die letzte Ausweglosigkeit stürzen.

Die Ergebnisse haben wir bisher bei den ersten 400 Patienten kritisch gesichtet und geprüft. Sie ermutigen uns, den Weg fortzusetzen, den wir gern mit den Worten von Ernst zur Nieden bezeichnen als: „Sprechstunden mit dem eigenen Ich."

Was bei der Selbstanalyse vorgeht, ist in der folgenden grundsätzlichen Übersicht zusammengefaßt. In den zahlreichen Beispielen der folgenden Kapitel lassen sich dann jeweils einige dieser psychologischen Erlebnisakte deutlich verfolgen.

Prozeß und Ziel der Selbstanalyse

(Von der vertieften Selbsterkenntnis zur gereiften Selbstverwirklichung)

1. Intellektuelles Nacherleben der pathogenen Konflikte und Belastungen:
   a) Logisches Nachdenken
   b) Gedankliches Kombinieren
   c) Verstandesgemäßes Erkennen
   d) Vernunftgemäßes Einsehen
   e) Gedächtnismäßiges „Erinnern".
2. Bildhaftes Miterleben der Phantasien und Symbole:
   a) Halbaktives „Vorstellen"
   b) Passives Verfolgen von Träumen, autogenen oder hypnotischen Bildern
   c) Frei assoziierendes „Einfallen-lassen"
   d) Mündliches Aussprechen und besonders schriftliches „Niederlegen"
   e) Klärungs-, Zusammenhangs- und „Aha-Erlebnisse" (Bühler).

3. Affektives Erleben der Einfühlung und Einsfühlung (Bolley)[8]:
   a) Aufsteigende Affekte erkennen
   b) Negative Affekte annehmen und bejahen
   c) Affekte eventuell „übertragen"
   d) Affekte aufschreiben und sinnvoll nach außen wenden
   e) Affekte steuern lernen.
4. Seelisches Gesamterleben der Neugestaltung des Lebens:
   a) Vertiefte Selbsterkenntnis durch absolute Wahrhaftigkeit
   b) Vertiefte Umwelterkenntnis durch sachlichere, weniger affektgetrübte Beobachtung
   c) Vertiefte Aufgabenerkenntnis durch weniger „ichhafte" Einstellung (Künkel)
   d) Vertiefte Werterkenntnis durch Lebensordnung
   e) Gereifte Selbstverwirklichung durch Arbeit am Charakter.

Anlage und Durchführung der Selbstanalyse

Technische Empfehlungen für die Anfertigung

Mit Abstand am wichtigsten sind die Fragen nach dem *Inhalt* dessen, was durchdacht, niedergelegt, nachträglich verarbeitet oder geplant werden soll. Diese Aufgaben erfordern als Voraussetzung Klarheit über die Technik der Selbstanalyse. Vier wesentliche methodisch-technische Kennzeichen stehen im Vordergrund, die freilich nach Bedeutung und Eigenart so voneinander abweichen, daß sie hier eine praktische, nicht eine systematische Ordnung verlangen:

Schriftlich niederlegen!

Weit über das einfache Denken hinaus erfordert das Schreiben ein *gründliches Durcharbeiten des Inhaltes*. Wer einen Satz aufschreibt, muß mit den grammatisch eindeutigen Formen auch eine klare logische Beziehung der Gedanken herstellen. Schon Aristoteles und Kant betonten die enge Verbindung zwischen Logik und Grammatik. Der relativ langsame Vorgang des Schreibens setzt ein mehrfaches Sich-Besinnen und Konzentrieren voraus; das Übertragen von Gedanken und Erinnerungen in die Bewegung des Schreibens verstärkt und vertieft dabei die Einsichten der Selbstanalyse beträchtlich.

[8] Als Einsfühlung bezeichnet Alfons Bolley (1964) ein Identifikationserlebnis im Unterschied zum Mitempfinden bei der Einfühlung.

Auch aus der Lernpsychologie ist bekannt, wie das Schreiben das Gedächtnis fördert und die Erinnerung erleichtert. Darüber hinaus stellt das Schreiben eine symbolisch bedeutsame Handlung dar. Das schriftliche „Niederlegen“ enthält eine abschließende Auseinandersetzung; wir entledigen uns mit dem Aufschreiben nicht selten der inhaltlichen Probleme.

Niederschreiben zwingt dabei zu *straffer Konzentration.* Wer im Lesen geübt ist, nimmt daher einen sauber geschriebenen Bericht im Bruchteil der Zeit zur Kenntnis, die er beim Zuhören aufwenden müßte; zugleich kann er das Wesentliche – z. B. farbig – unterstreichen. Der Patient also, der seine Erlebnisse, Träume, Fragen usw. dem Arzt übersichtlich geschrieben mitbringt, erspart damit ihm und sich selbst viel kostbare Zeit.

Darüber hinaus hat der Patient Gelegenheit, später durch Nachlesen und Vergleichen seine innere Entwicklung und meist dabei seine Heilung zu verfolgen. So gewinnt er neue Hoffnung und Zuversicht.

Grundsätzlich kann das Aufschreiben entweder mit der Hand oder mit der Maschine geschehen. Das muß jeder selbst entscheiden. Bei der *Handschrift* steht die unmittelbare und ungestörte Beziehung zu dem Papier und den Aufzeichnungen im Vordergrund. Einfälle und Ergänzungen lassen sich jederzeit auf dem Rand nachtragen (der darum mindestens die halbe Breite des Bogens einnehmen sollte). Handschrift gibt *mehr Muße und Besinnlichkeit,* bedarf keiner technischen Vorbereitungen, läßt sich vielleicht in stiller Nachtstunde und gar im Bett durchführen, ohne daß Schläfer gestört werden.

Das handschriftliche Aufzeichnen wirkt stärker befreiend, weil hier unmittelbar Gedanken zu Bewegungen gestaltet werden. Mancher Patient schreibt sich buchstäblich frei, und die Handschrift vermittelt dem Arzt, der in der wissenschaftlichen Schriftpsychologie kundig ist, dabei zusätzliche Aufschlüsse.

Die *Maschinenschrift gewährt andere Vorteile:* Sie läßt sich wesentlich *schneller* durchführen, unterbricht also nicht so häufig den Fluß der Gedanken; sie ist vor allem übersichtlich und leicht lesbar, erspart also auch dem Arzt Zeit und Mühe bei den gemeinsamen Besprechungen. Ein Patient kann auch beim Aufschreiben mühelos einen Durchschlag anfertigen, der bei den Krankenpapieren bleibt, während er sein eigenes, übersichtliches „Tagebuch“ zum weiteren Durcharbeiten behält.

Jeder soll selbst entscheiden, welchen der genannten Vorteile er bei welchen Gelegenheiten das Schwergewicht zuerkennt.

Ergänzende Zeichnungen, Skizzen und Malereien gestalten nicht nur den Inhalt anschaulicher, sondern bilden als wichtige „Mal- und Zeichentherapie“ eine eigene Heilmethode.

Freiwillig anfertigen!

Wer sein eigenes Leben klären will, kann nur freiwillig damit beginnen und fortfahren. Ohnehin darf niemand von anderen zum Aufschreiben seiner Erlebnisse, Gedanken, Träume, Einfälle usw. gezwungen werden, mehr noch: Wer sich mit dem Seufzer der Belastung und des bedrückenden eigenen Zwanges dieser Aufgabe widmet, nur um einer lästigen Pflicht zu genügen, wird nicht die Befreiung erleben, die ihm das innere Entdecken verborgener Zusammenhänge und psychologischer Erkenntnisse ermöglicht. Der äußere Druck von wohlmeinenden Autoritäten, die ihren Einfluß mißbrauchen, übt auch auf diesem Gebiet viel seltener einen Zwang aus als etwa die Gruppe, die sich der gleichen Therapie unterzieht. Vor allem ersticken das bedrängende Joch und die übersteigerten Forderungen des eigenen Pflichtgefühls die lösende Erleichterung einer freiwillig übernommenen Aufgabe.

DIE ERZIEHUNG ZUR FREIHEIT GELINGT NIE DURCH ÄUSSEREN ZWANG

Das gilt auf vielen Gebieten.
Völlige Freiwilligkeit setzt bei jeder Selbstanalyse drei Grundbedingungen voraus:

Reife zu selbstverantwortlichem, besonnenen Handeln

Sie ist (u. a. nach den Entwicklungsforschungen von Zeller) erst nach dem Höhepunkt der Pubertätszeit zu erwarten. Heute fordern in bedenklichem Ausmaß gerade solche jungen Menschen eine freie Selbst- und Mitbestimmung, denen eben diese Merkmale der Reife und des selbstverantwortlichen Handelns fehlen. Andererseits wird häufig in einem Teufelskreis noch heute reifen, verantwortungsbewußten und -fähigen jungen Menschen solche Freiheit zur Selbstbestimmung vorenthalten.

Einsicht und Streben eines innerlich mündigen Menschen

Die Einsicht in die zu engen Grenzen der eigenen Persönlichkeit und/oder in die eigene seelische Störung, ihr Wesen und ihre Folgen, bewirken oft mit starker Motivation das Streben nach vertiefter Selbsterkenntnis und innerer Freiheit .

Zusätzlich ist jedoch für die Selbstanalyse eine positive Affekteinstellung nötig.

Sie läßt zu dem Willen und der Selbstdisziplin die Freude an dieser Arbeit treten, damit sie sich fruchtbar auswirken kann.

Regelmäßig schreiben!

Wer nicht regelmäßig *zu bestimmten Zeiten* sich der inneren Sammlung einer klärenden Selbstanalyse widmet, tut es erfahrungsgemäß auch nicht zu unbestimmten Zeiten. Mindestens drei, besser vier bis fünf Zeitstunden wöchentlich zu festgesetzten regelmäßigen Terminen sind erforderlich, zusätzlich zu einer Zeit am Morgen von mindestens 15 Minuten, die dem Aufschreiben der Träume aus frischer Erinnerung gilt. Wer bei seelisch bedingten Störungen oder Erkrankungen sich selbst finden und genesen will, muß dafür Zeit aufwenden. Inneres Reifen unterliegt dabei den gleichen Gesetzen der Entwicklung, die das körperliche Wachstum von Mensch und Tier steuern, ähnlich auch der sorgsamen Korrektur, die ein Gärtner an der verkümmerten oder gar verkrüppelten Gestalt von Pflanzen vornimmt oder mit der er ihre Auswüchse entfernt.

Niemand darf Wunder plötzlicher Genesung oder Wandlung versprechen, – sie ereignen sich höchstens bei dem Ablegen von täuschenden Hüllen angewöhnter Fehlhaltungen bei Randneurosen. Kein Arzt wird, dem kurpfuscherischen Werben von Marktschreiern ähnlich, Hoffnungen wecken, die später um so schmerzlicher in bittere und gefährliche Enttäuschungen umschlagen müssen.

Wer nicht fähig oder nicht bereit ist, das zweifellos beträchtliche Opfer *mehrerer Zeitstunden wöchentlich* zu bringen, der muß – wenn er gesund ist – auf den Gewinn der Entdeckung eines weiten neuen Lebensbereiches verzichten. Wenn er seelisch krank ist, wird er später meist noch längere Zeit durch seine Erkrankung und die – schließlich zwingend erforderliche – Behandlung einbüßen.

Praktisch lösen läßt sich das Zeitproblem durch straffere Tageseinteilung und durch Verzicht auf Zeitvergeudung, die in unserer Welt des kritiklosen Fernsehens und Illustriertenlesens ungemein verbreitet ist.

Stunden der Selbstanalyse tragen ihren erkennbaren Wert und Sinn in sich selbst; sie werden alsbald zu Erlebnissen innerer Besinnung und Einkehr, die sich als Kraftquellen für den Alltag auswirken. Ihre Früchte reifen langsam und lassen sich nur von Geduldigen ernten.

Wer jedoch besonnen, zielstrebig und planmäßig dabei vorgeht, erlebt einen offenkundigen äußeren und inneren Gewinn: Der äußere ist nicht zu unterschätzen; das Honorar für die „Sprechstunden mit dem Ich“ ist ausgesprochen billig; diese Konsultationen kosten nur die eigene Zeit.

Der innere Gewinn läßt sich nicht mit materiellen Maßstäben messen und nicht vorher überzeugend beschreiben; doch nur allzu häufig ist er mir von der erdrückenden Mehrzahl derer versichert und unaufgefordert bestätigt worden, die sich dieser Mühe unterzogen haben. Viele Stöße der Aufzeichnungen lehren uns mit den Erfahrungen der Patienten eindeutig:

Der Zeitaufwand lohnt!

Wer dennoch zu anderer Ansicht gelangt, kann jederzeit die Selbstanalyse unterbrechen oder damit aufhören.

Behutsam aufbewahren!

Kostbare Schätze werden in sicheren Schränken oder in einem Safe aufbewahrt. Auch Hefte mit der Selbstanalyse bleiben am besten durch ein Sicherheitsschloß *vor* jedem *unbefugten Zugriff bewahrt.* Vermeintliche Mutterliebe geht oft sonderbar forschende Wege, darum können tagebuchartige oder analytische Geheimnisse nicht sorgfältig genug vor den Angehörigen gehütet werden. Wer seine Aufzeichnungen einem anderen Menschen zeigen will, muß sich zuvor über seine absolute *Vertrauenswürdigkeit* und Verschwiegenheit vergewissern.
Katastrophen sah ich schon oft eintreten, wenn allzu schwache Menschen ihre moralische oder gar beruflich-gesetzliche Schweigepflicht mißachteten. Nach dreijahrzehnte langer Erfahrung kann ich nicht genug zur Vorsicht mahnen. Was dann bei Laien noch aus verständlicher Neugier, aus Geltungs- oder Mitteilungsbedürfnis entschuldbar erscheint, muß in einer Vertrauensstellung einen Schock auslösen. Unauslöschlich stehen in der Erinnerung der Zorn und die Bitterkeit der neun tief Betroffenen, deren Lebens- und Seelsorgegeheimnisse von evangelischen Geistlichen weitergetragen worden waren (fünfmal gehörten die Vertrauensseligen selbst diesem Beruf an).
Freilich sind auch zwei Berufsstände dankbar zu nennen, bei denen mir bisher keine *Verletzungen der Schweigepflicht* bekannt wurden: Nervenärzte und römisch-katholische Priester. Nur in jüngster Zeit unterlief – als einzige Ausnahme – einem berühmten und ungewöhnlich verdienstvollen Professor der Psychiatrie ein verhängnisvoller Bruch der Schweigepflicht, als er den Inhalt eines im doppelten Umschlag als höchst vertraulich gekennzeichneten Briefes weiterleitete.

Praktische allgemeine Ratschläge für den Inhalt

Prüfen Sie Ihre Motive!

Vergleiche und Parallelen zur Selbstanalyse

Wer einen Ausflug oder eine Erholungsreise unternimmt, mag Ziel, Absichten und Verlauf dem Zufall überlassen. Wer jedoch das Herz Asiens oder Afrikas durchqueren will, muß zuvor eine Fülle von Auskünften einholen und berücksichtigen.

Die Selbstanalyse gleicht einer Expedition in ein unbekanntes Land, die sorgfältiger äußerer und innerer Vorbereitung bedarf.

Erforschung der Motive

Die besonders wichtige innere Prüfung der Motive soll durch einen weiteren Vergleich deutlich werden:

Auf der ersten Seite der „Schweizerischen Motorflugschule“ von F. LIARDON heißt es: „... Psychologie ist erforderlich, denn ein Fluglehrer ... muß feststellen, ob ein Kandidat zu seinem Vergnügen fliegen lernt, aus Leidenschaft oder lediglich, um einen Minderwertigkeitskomplex zu überwinden.“ Weitere ausführliche Bemerkungen über die Charakterhaltung von Sport-, Verkehrs- oder sonstigen Berufspiloten folgen. Ein Pilot muß völlig sachliche Haltung, saubere Gesinnung und zielstrebiges Bemühen beweisen, ehe er sich am Steuerknüppel einer Übungsmaschine praktisch bewähren kann.

Auch in der Selbstanalyse kann – vor dem Beginn praktischer Versuche – nur eine besonnene Klärung der Motive vor späterem leichtsinnigen oder gefährlichem Verhalten bewahren.

Solche Motivforschung ist auch in anderen Bereichen erforderlich. Nachdem 1967 das LSD und verwandte Drogen dem Betäubungsmittelgesetz unterstellt wurden, prüfen wir als Ärzte an den wenigen Kliniken mit Forschungsaufgaben auf diesem Gebiet sorgfältig die Gründe, warum jemand sich einem Selbstversuch mit diesen Drogen unterziehen will. Sogar bei einer gewöhnlichen Hypnose suche ich zuvor auszuschließen, daß nicht irgendeine Sensationslust oder bloßer Geltungsdrang den Wunsch zu dem Weg in die neue Welt eines veränderten Bewußtseinszustandes bestimmt, geschweige denn die Neigung, sich von der Wirklichkeit und ihren Aufgaben zurückzuziehen.

Bei der Selbstanalyse darf sicher die Neugier im Sinne ernsten Wissensstrebens ebenso als berechtigtes Motiv gelten wie die Hoffnung auf vertiefte Einsichten und Verständnis oder die ärztlich begründeten gesundheitlichen Wünsche oder Erfordernisse.

Verantwortung und Ehrfurcht

Wer aber wähnt, er könne ernste Arbeit am eigenen Charakter – hier auf dem Teilgebiet vertiefter Selbsterkenntnis – unternehmen, ohne Verantwortungsbewußtsein und die zutiefst ehrfürchtige Haltung vor den Geheimnissen der menschlichen Seele, der würde seine Absicht besser aufgeben, denn Flucht und Sucht versperren jedes Ziel, und nur peinliche Entdeckungen oder trügerischer Fanatismus warten auf sensationsgierige Abenteurer.

Gerade angesichts oberflächlicher, materialistischer oder gar verbrecherischer Strebungen, die menschliche Seele zu manipulieren und zu beherrschen, gilt hier die weise Mahnung der Bibel: „Ziehe deine Schuhe aus, denn der Boden, auf dem du stehst, ist heiliges Land!" (2. Mos. 3, 5).

Selbsterkenntnis einer Patientin

Vor wenigen Tagen suchte sich eine 40jährige Hausfrau in der Selbsthypnose des autogenen Trainings Rechenschaft abzulegen über die Beweggründe für ihre selbstanalytische Arbeit. Ein Auszug aus ihrem Protokoll kann dazu aufrufen, die Fragen zu beantworten, die sie sich selbst stellt:

> „... Ich stehe, und vor mir auf einem langen, nach links laufenden Brett knete ich eine graue Masse. Ich bin wohl selber diese Masse, und die Form, die ich knete, hat Unebenheiten, die ich fortbringen will. Habe ich aber an einer Stelle die Buckel weggebracht, so kommen sie an einer anderen Stelle wieder zum Vorschein. So knete ich die Masse zehn- oder zwölfmal durch und gelange, da ich die nächste Form ein Stück neben der vorhergehenden knete, die lange Tafel zurück nach links. Von dort knete ich wieder nach rechts zurück. Aber als ich wieder angelangt bin, zeigt die Masse nach wie vor Unebenheiten. So komme ich also nicht weiter. Es muß etwas Festes sein, das sich immer wieder durch den Stoff drückt und auf der Oberfläche Unebenheiten markiert, wenn ich die Masse knetend umforme. Der Einsiedler[9] fordert mich auf, zu überlegen, was mich veranlaßt, den Stoff immer wieder zu bearbeiten.
>
> „Ich will allein mit mir fertig werden", erwidere ich.
>
> „Kann das denn sein?" sagt er, „laß dir doch helfen!"
>
> Er hat eigentlich recht, ich sehe ja, daß es eine unsinnige, vergebliche Arbeit ist; ich habe mich schon viel zu lange mit mir selber aufgehalten. Was veranlaßt mich denn überhaupt, ständig zu versuchen, mich umzuformen?
>
> Es sind die anderen, die auf meine Unebenheiten zeigen! Will ich sie nun beseitigen, um es ihnen recht zu machen? und indem ich es ihnen recht mache, sie veranlassen, daß sie mich lieben, damit ich nicht mehr allein bin? Oder sehe ich ein, daß sie recht haben, und tue ich es nur um der Sache willen? Der erste Punkt erscheint mir wahrscheinlicher – zumindest gewichtiger ..." (L.-Nr. 6424)[10]

---

[9] Der Einsiedler ist eine außerordentlich häufige sinnbildliche Gestalt und Verkörperung des Gewissens (vgl. THOMAS 1972a).

[10] Mit L.-Nr. (Listen-Nummer) sind als Quellenangabe in sämtlichen Büchern des Verfassers die Krankengeschichten bezeichnet, die weitere Aufschlüsse über den Patienten enthalten.

Schreiben Sie, was Sie schreiben wollen!

Eigener „Lebensroman"

„Schreiben Sie doch einmal den Roman Ihres Lebens auf", so riet ich mit genauen Einzelheiten 1948 erstmals einer vom Schicksal hart geprüften, feingebildeten und völlig verzweifelten Ehefrau, die an der Seite ihres offenbar primitiven und brutalen Mannes keine Möglichkeit zur geistigen Entfaltung fand. Sie tat es und überwand damit die wenigen Jahre, die ihr Mann noch lebte, bevor er als Trinker seiner Leberzirrhose erlag.

Der bloße Rat freilich genügt auch heute nicht, sondern er bedarf der (inzwischen vielfach verbesserten und erweiterten) Erläuterungen. Ein solcher „Lebensroman" sollte nicht einem „Lebenslauf" gleichen, der in streng geordneter zeitlicher Aufeinanderfolge übersichtlich äußere Daten über Aufenthaltsorte, Ausbildung, berufliche Tätigkeit usw. aneinanderreiht. Unvergleichlich freier stehen vielmehr einige Leitgedanken und Ratschläge im Vordergrund:

Schreiben Sie, was Sie schreiben wollen, was Sie innerlich drängt, was „heraus will", womit Sie sich äußerlich und innerlich beschäftigen und was darum nach Klärung verlangt!

Vertrauensvolles Gespräch

In dieser Form sollte die schriftliche Selbstanalyse einer vertrauten Unterhaltung entsprechen. Im Idealfall richtet sie sich ausdrücklich oder doch in Gedanken an den Arzt, der den Bericht als eine Art Brief zur Kenntnis nimmt und bei Bedarf weitere klärende Fragen anknüpft.

Sinnvolle Auswahl

Nicht immer ist es erforderlich und möglich, daß der Arzt den gesamten niedergeschriebenen Text genau studiert; er mag weniger wichtige Stellen nur überfliegen, vielleicht gar Seiten überschlagen, dafür aber bei den ausschlaggebenden Krisenpunkten länger verweilen und den Patienten bitten, weitere Einzelheiten schriftlich oder mündlich mitzuteilen.

> „Ich finde es gar nicht so wichtig, welche Seiten aus meinem Heft Sie mit mir besprechen, aber daß ich bei dem ganzen Heft die Vorstellung habe, ich würde Ihnen alles erzählen, das macht mir Freude, und darum schreibe ich so gern." Mit diesen Worten kennzeichnet eine 27jährige Angestellte ihre Selbstbeobachtung, als sie bei ihrem dritten Besuch wieder 60 eng beschriebene Seiten in die Sprechstunde mitbringt. Nur 10% davon können bei den monatlich einmaligen Kurzbesprechungen gemeinsam behandelt werden. Sie schließt ihren Be-

richt über die Wirkungen mit dem bezeichnenden Satz: „Nach jeder Stunde des Schreibens fühle ich mich befreit und erleichtert" (L.-Nr. 8934).

Schreiben Sie, was Sie nicht schreiben wollen!

Von dem weisen Seelsorger SAMUEL ZELLER in Männedorf (Schweiz) erzählen die Biographen, seine Beichtkinder hätten ihn öfter gefragt: „Ich weiß gar nicht, was ich Ihnen zuerst erzählen soll." Er antwortete dann regelmäßig: „Sagen Sie mir vor allem, was Sie nicht sagen wollen; denn das ist das Wichtigste!"

Verdrängte Schuld

Wieviel Fleiß verwendet jeder Mensch darauf, das Peinliche, das Unangenehme zu verdrängen, das eigene Versagen, die Schuldgefühle, die Worte, die wir nicht hätten sprechen oder widerspruchslos mitanhören sollen, die egoistischen Taten, die wir am liebsten ungeschehen machen möchten, das alles wird nur allzu gern absichtlich vergessen, wirkt aber wie ein Gift in unserer Seele weiter. Wir sind Irrtümern erlegen, haben Schwächen nachgegeben, bei dringenden Anforderungen versagt, grob und habsüchtig gelogen, falsche (Steuer-)Erklärungen abgegeben usw.

Ganz konkrete Ereignisse tauchen bei einigem Nachdenken auf: „Schon als Kind habe ich einmal der Mutter Geld aus dem Portemonnaie entnommen, um Süßigkeiten zu kaufen"; „manchen Kameraden oder Lehrer oder Professor haben wir bewußt geärgert und gehänselt"; „ich habe nicht nur Tiere, sondern auch Menschen gequält", „einen Kollegen verleumdet", „einen Griff in das Ladenregal", gar „in die Firmenkasse getan" usw.

Sexuelle Geheimnisse

In diese Zusammenstellungen, die nur einen kleinen Teil der Schuldgefühle von unseren Patienten wiedergeben, sind angebliche oder wirkliche sexuelle Verfehlungen nicht mitaufgenommen, weil hier anerzogene Schuldgefühle wesentlich häufiger auftreten als schuldbedingte. Hundertmal aber haben wir schon in der einen oder anderen Form gehört:

„Ich habe ein Kind abgetrieben; ich habe getötet. Darüber komme ich nicht hinweg. Können Sie mir nicht helfen zu vergessen; ich kann nicht länger leben mit der Gewissenslast, mein eigenes Kind umgebracht zu haben; es wäre jetzt 15 Jahre alt."

Das verständliche und verbreitete Bestreben der Menschen, ihr Verhalten – mindestens vor sich selbst – zu entschuldigen und zu rechtfertigen, darf nicht über das verhängnisvolle Ausmaß der Verdrängungen dabei hinwegtäuschen.

Beichte und Psychoanalyse

Viele grundlegende Wesensverschiedenheiten trennen den geistlich-religiösen Vorgang der Beichte mit ihren bewußten Verfehlungen von der Analyse – auch der Selbstanalyse – als einem medizinisch-psychologischen Vorgang, bei dem „unbewußte" Schuldgefühle ans Licht gebracht werden, – darin aber sind Beichte und Psychoanalyse einander gleich: in unbestechlicher und befreiender Wahrhaftigkeit gestehen sich in beiden Situationen die Menschen ihre Verfehlungen ein. In schonungsloser Offenheit und ohne Selbstbeschönigung wachsen sie in der scheinbaren Erniedrigung einer Selbstanklage weit über sich hinaus und steigen empor zu der höchsten Stufe der Selbsterkenntnis und Wirklichkeitsschau, wenn sie in ehrlicher Bilanz und gar aufrichtiger Demut und Reue den Grund legen zu einer erneuernden Arbeit am eigenen Charakter.

Fügen Sie auch scheinbar sinnlose oder gleichgültige Einfälle hinzu!

„Assoziationen" als intellektuelle einleuchtende Sinnbeziehungen

Nicht nur für das Verstehen der Träume, sondern auch für die Erkenntnis der tieferen Zusammenhänge des Lebens erweist sich ein Einblick in die „freien" Einfälle in der Regel als Schlüssel für jede analytische Arbeit. „Mir fällt aber gar nichts zu diesem Erlebnis (oder zu diesem Wort des Traumes) ein", so lautete schon mehrere hundert Mal die häufigste Entgegnung auf meine Standardfrage der Psychoanalyse: „Was fällt Ihnen dazu ein?" Als Entgegnung pflege ich dann fast eine Minute zu schweigen und dann die Frage anzuschließen: „Woran haben Sie inzwischen gedacht?" Meist wird dann ein Einfall oder Gedankengang berichtet, der bei genauerer Betrachtung wesentliche Aufschlüsse über die Erlebnisse oder Träume vermittelt.
Oft wird der Begriff der „Einfälle" mit dem der „Assoziationen" gleichgesetzt; doch scheinen mir die letztgenannten Gedankenverbindungen, vorwiegend die intellektuellen, meist einleuchtend erkennbare Sinnbeziehungen herzustellen, z. B.: Apfel – Birne; Tasse – Teller; Hund – Katze. Solche Assoziationen bleiben in der Regel oberflächlich und ohne nennenswerten Aufschluß.

„Einfälle" als spontane, tiefe, affektbezogene Er-innerungen

Jene „Einfälle" dagegen ergeben ungleich wertvollere Erkenntnisse, wenn sie spontan, scheinbar sinnlose Bilder, Vorstellungen, Er-innerungen, Begriffe u. a. m. enthalten, die vielfach recht wichtige Zusammenhänge aufdecken aus dem tiefen, vielfach verborgenen Bereich der Affekte, des persönlichen Schicksals und der psychischen Störungen.

Zu „Apfel“ mag dann gleich als Einfall „Adam und Eva“ auftauchen oder auch nur die Erinnerung an eine „Versuchung“, nach verbotenen Früchten zu greifen. Bei „Tasse“ tauchte einem Patienten erst ein scheinbar sinnloses Schriftstück auf; schließlich im Zusammenhang damit ein Streit mit seinem Vorgesetzten, den er am liebsten als „trübe Tasse“ beschimpft hätte; er hatte es jedoch erfolgreich unterdrückt. Bei „Hund“, einem sonst häufigen Symbol für aggressive männliche Sexualität, tauchte einem Träumer als Einfall das Bild seines Hauswirtes auf, den er bei einem Streit über die Miethöhe innerlich als „gemeinen Hund“ bezeichnet hatte.

Besondere Aufgaben für die Affektverarbeitung

Lassen Sie Ihren Affekten freien Lauf!

Auf dem Gebiet der seelischen Gesundheit lassen sich in starker Vergröberung vier Bereiche nennen, die zugleich als Ursachen wie auch als Erscheinungsformen von neurotischen Störungen der Erlebnisverarbeitung in einem Teufelskreis sich immer wieder steigern:
Allgemeine, negative Affekte,
heftige Aggressionen,
lähmende Ambivalenzen und
bohrend ungewisse Fragen.

Positive und negative Affekte

Während die positiven Affekte von Liebe, Güte, Freude, Hoffnung und vielen anderen vorbeugend und heilend auf seelische Störungen und Krankheiten einwirken, vernichten Haß, Bosheit, Intrigen, Neid, Eifersucht als ungesteuerte Leidenschaften das seelische Gleichgewicht und die Harmonie der zwischenmenschlichen Beziehungen.

So ehrlich wir die engen Wechselbeziehungen zwischen Konstitution und hormonellem Drüsensystem einerseits und leidenschaftlichen Affektäußerungen andererseits (besonders des Zornes und der Gewalt) einräumen müssen, so bleibt doch der gesunde Mensch verantwortlich für sein Handeln. Affektausbrüche von Geisteskranken stehen unter dem Ausnahmerecht der Zurechnungsunfähigkeit des § 51, 2, wenn der Geisteskranke nämlich das Unrechtmäßige seiner Tat nicht einzusehen vermag oder nicht fähig ist, dieser Einsicht gemäß zu handeln. Obwohl der Buchstabe dieses Gesetzes auch dem schwer neurotisch Kranken Schutz gewähren müßte, wird dieser Paragraph praktisch nur auf Nerven- und Geisteskranke (Psychotiker) angewendet.

In fließenden Übergängen zum gesunden Bereich wirken die heftigen Affektstürme der ungezügelten Leidenschaften nicht nur ansteckend auf die Umgebung, sondern auch anregend und aufregend auf den Leidenschaftlichen, Zornigen usw. selbst. Von der Eifersucht sagt es das bekannte Sprichwort: „Eifersucht ist eine Leidenschaft, die mit Eifer sucht, was Leiden schafft."

Affektstürme verarbeiten!

Selbstanalyse sucht aufkommende Affektstürme in ihrem Ursprung zu erkennen und sachgerecht zu verarbeiten. SCHULTZ hat in seinem „autogenen Training" mit einer Hauptwirkung, der „Resonanzdämpfung der Affekte" zu dieser Überwindung einen ausschlaggebenden Beitrag geleistet.

Schreiben Sie darum alle Ihre Affekte auf, besonders aber die negativen!
Verbreitete Fehlerziehung lehrt, um der äußeren Form der Wohlanständigkeit willen nicht nur negative, verurteilende Gedanken und Worte zu vermeiden, sondern auch die persönliche Erinnerung daran und das Sprechen darüber zu verdrängen.
Damit werden nicht ungehemmte Grobheiten und Beleidigungen empfohlen, sondern für die Selbstanalyse befreiende Wahrhaftigkeit, die auf verschwiegenem Papier niemanden kränkt und nach dem Affektausbruch zu einer Beruhigung führt.
Gemeint ist hier jene Haltung, die STORM in seinem Gedicht „Rücksicht zu Zeiten!" mit den Worten zum Ausdruck bringt:

„Blüte edelsten Gemütes
Ist die Rücksicht, doch zuzeiten
Sind erfrischend wie Gewitter
Goldne Rücksichtslosigkeiten!"

Solche Affektentspannungen sind so wichtig, daß nicht nachhaltig genug dazu geraten werden kann. Von wenigstens vier Patienten weiß ich, die jeder über hundert Seiten mit heftigsten Ausdrücken ihrer Wut gegen Autoritätspersonen – bei zweien war es der Vater – Luft gemacht haben und mit einer unerschöpflichen Flut von Kraftausdrücken praktisch sich nicht nur aus den Aggressionen der Selbstgefährdung befreit haben, sondern sich auch zur seelischen Gesundheit verhalfen.

Beispiele von Affektausbrüchen

Aus Gründen der Rücksicht auf Ästhetik und aus Achtung vor den Gesetzen der hochdeutschen Schriftsprache können im folgenden nur wenige der mildesten Beispiele zeigen, wie deutlich und erleichternd solche Affektausbrüche wirken können; bei den hier gekennzeichneten Vätern handelt es sich ausnahmslos um achtbare Akademiker.

„Er ist ein ganz entsetzlicher, gemeiner, niederträchtiger, ungerechter Kerl... ein Idiot. Er hat ein bösartiges grobes Wesen... bissig, niederträchtig, klatschsüchtig, verleumderisch und dabei kriechend, schleimig;... alles Gute zieht er in den Schmutz:... diese abgrundtiefe Verlogenheit, pfui Teufel! Ich hasse ihn! Soviel Verderbtheit und Gift. Ein abscheulicher fauler Egoist... ungerecht, er trampelt auf unseren Gefühlen herum. Er nörgelt und erstickt jedes Selbstvertrauen. Wenn aber jemand etwas sagt, tobt er und rennt in die Küche, um den Gashahn aufzudrehen. So ein blöder Hund! Mit seiner häßlichen, ekelhaften Einstellung beschmutzt er alles. Ein widerlicher Prahlhans, dieser grobschlächtige Flegel, der blöde Hammel. Dieser lebensuntüchtige, engstirnige, durch und durch minderwertige Kerl, mit den dämlichen gemeinen Ziegen seiner Drecksfamilie, hartherzig und lieblos. Dieser ungehobelte Kuhbauer usw." So schreibt eine 27jährige Studentin der Medizin (L.-Nr. 1379). Oder: „Er ist ein ganz widerliches Schwein, ein völlig unqualifizierbares Monstrum, ein ganz entsetzliches Ekel, ein stinkendes Stück Vieh, dabei ein tückischer, abgefeimter Schurke mit ganz unbeschreiblich widerwärtigen, niedrigen Trieben, ein herabgekommener, verabscheuungswürdiger Halbmensch, einer der niedrigsten, verächtlichsten Vertreter der Tierwelt, ein Inbegriff des Hassenswerten, ein heimtückisches, niedriges Insekt, das mit chemischen Mitteln vernichtet werden muß, ein Untermensch. der nicht einmal unter den Menschenaffen seinesgleichen an ekelerregendem Äußerem und abstoßendem Charakter findet. So ein blödes Kalb, so ein Rindvieh, so ein triumphierend doofer Hornochse, ein unwahrscheinlich schwachsinniger Esel, ein prachtvoller Paradiesidiot, dabei ein eingebildeter Pinsel..., ein ganz unverschämter Spitzbube, ein widerwärtiger Schuft, ein heuchlerischer, frömmelnder Sadist..., eine Schande für unsere Zivilisation, ein ganz häßlicher Fleck in meiner Erinnerung. Darum habe ich meinen Wunschtraum bisher nicht wahrgemacht, ihm nach Herzenslust einige Ohrfeigen zu geben und ihm dann noch kräftig in den A. zu treten. Er ist unbeschreiblich gewalttätig, rücksichtslos, ungehobelt, ich möchte ihn in seinem Auftreten mit einem schnaubenden Nilpferd vergleichen, mit der Einschränkung... – Ich hasse ihn, weil er seine Brutalität, Roheit und Gefühllosigkeit nicht einmal merkt. Dieser verfluchte Schuft. Einmal bekommt er die Quittung dafür, dieser verachtungswürdige Gauner.

„... Ich glaube, ich hasse ihn! Die Prinzessin hat einmal unmutig gesagt, ich könne nicht einmal hassen, weil ich vor allen Menschen Angst hätte, die mir in irgendeinem Punkt überlegen seien.

Jetzt lerne ich aber, meinem Vater im Haß zu widerstehen und mich innerlich ihm gegenüber durchzusetzen, jetzt werde ich auch andere, mir überlegene Menschen hassen lernen und mich ihnen gegenüber durchzusetzen wissen."

Mit diesen Worten bahnt sich eine innere Entwicklung zur unerläßlichen Freiheit an, die schon wenige Wochen später das innere Verständnis keimen ließ, das später zur Versöhnung führte.

„Ich bedaure diesen Menschen ... auch ein wenig. Er war viel zu dumm, um einzusehen, daß er seinen ... Sohn beinahe zugrunde richtete. Es ist keine harmlose, in sich kreisende Dummheit, die einem zwar auf die Nerven gehen kann, gegen die man sich jedoch abschirmen kann, indem man den betreffenden Menschen in seine Schranken verweist und sich innerlich von ihm unabhängig macht. Seine Dummheit ist gefährlich, weil er in Beruf und Familie in einer Position ist, in der er Einfluß auf Menschen ausübt" (L.-Nr. 3898).

Geben Sie Ihren Aggressionen Ausdruck!

„Vom Ursprung des Bösen"

Übermächtiger Umweltdruck von Autoritätspersonen, -lehren oder -konventionen erzeugt einen Gegendruck, der sich nicht immer ausreichend und in geordneter Form äußern kann. Hier ist nicht zu besprechen, wieweit etwa raffinierte Propaganda, vor allem die Verbreitung von Affekten wie Haß, Zorn usw. künstlich Aggressionshaltungen schaffen oder steigern[11]. Vielmehr wollen wir mit den maßgebenden Forschungen von KONRAD LORENZ in seinem jüngsten Werk „Vom Ursprung des Bösen, eine Naturgeschichte der Aggression" die universelle Verbreitung und die Bedeutung der inneren und äußeren Haß- und Angriffshaltung erkennen, auf die das Wort GOETHES zutrifft: „Das ist der Fluch der bösen Tat, daß sie fortzeugend Böses muß gebären."

Richten sich die Aggressionsempfindungen und -worte nach außen, so kann es zu heftigen und befreienden „gewitterähnlichen" Ausbrüchen des Unmutes kommen, die zur Verhütung oder Heilung seelischer Erkrankungen äußerst förderlich sind.

Aggressionen, die zu Taten werden, erreichen kaum je ein positives Ziel, weil nicht Affektausbrüche, sondern nur Vernunft überzeugen können, weil der Druck der Aggression in einem neuen Teufelskreis Gegendruck erzeugt und weil die Lösung von Problemen nicht die Frucht von Aggressionshandlungen, sondern von Arbeit ist.

---

[11] Das ist ausführlich geschehen bei THOMAS (1970a).

Selbstmord als Aggressionshandlung

In einem anderen Teufelskreis richten sich berechtigte und begründete, also nicht künstlich provozierte Aggressionshandlungen gegen die eigene Person. STEKEL hatte nur allzu recht, als er sagte: „Es tötet niemand sich selbst, er wolle denn einen anderen töten."

Nicht aus Zufall ist das Problem des Selbstmordes in Wahrheit ein Problem der Aggressionen und ihrer Überwindung. Besonders deutlich läßt sich das verfolgen an dem Unterschied zwischen dem Verhalten der Afrikaner im Osten und im Westen des schwarzen Kontinents: Im Osten sind Morde selten, Selbstmorde aber häufig; im Westen ist es umgekehrt. In den Vereinigten Staaten werden rund 90% aller Gewaltverbrechen von den rund 10% der farbigen Bevölkerung begangen, unter denen Selbstmordhandlungen – im Gegensatz zu den Weißen – fast gar nicht vorkommen.

Eine der wichtigsten Aufgaben der Selbstanalyse wie unserer Ärztlichen Lebensmüdenbetreuung war das Ausarbeiten von unschädlichen und heilsamen Methoden (hypnotischer Art) zur Überwindung von Aggressionen (vgl. THOMAS 1972 a).

Wer in autogener Bilderschau – auch sie ist eine Form der Selbstanalyse – gelernt hat, in symbolischer Form Drachen und Ungeheuern zu begegnen und an ihnen in seiner Phantasie die aufgestaute Wut unschädlich auszulassen, der wird solche befreienden Erlebnisse seelischer Hygiene nicht hoch genug einschätzen können.

Aggressionen finden sich unter den Patienten unserer Ärztlichen Lebensmüdenbetreuung als die häufigsten und wichtigsten Affekte verhängnisvoll verbreitet, deshalb wurde den praktischen Beispielen schon im vorigen Abschnitt und auch später im Zusammenhang mit den Gesamtdarstellungen des Lebensschicksals so viel Platz eingeräumt, daß wir hier auf weitere Beispiele verzichten (vgl. S. 61 f., 86 f.).

Dagegen soll, der Bedeutung dieses Themas entsprechend, hier eine Übersicht folgen über die ärztlich erkennbaren Gründe und Hintergründe von Aggressionen und über die Vielfalt der Maßnahmen, mit denen Kranke und Gesunde ein Übermaß ihrer Aggressionen abbauen und den Rest eines berechtigten und vielleicht notwendigen Zornes in gelassener Selbstbeherrschung steuern können.

Welche Gründe für Aggressionen lassen sich ärztlich feststellen?

Eine Zusammenstellung von Erfahrungen der Ärztlichen Lebensmüdenbetreuung Berlin.

(Da meist mehrere Gründe zusammentreffen, lassen sich keine Prozentzahlen der Häufigkeit angeben.)

1. Oft behauptete, selten reale, echte Unterdrückung bei „autoritärer Erziehung",
2. verbreiteter, propagandistisch gezüchteter Repressions- und Unterdrückungswahn,
3. noch immer häufige leibesfeindliche, pseudochristliche Erziehung, die zu „ekklesiogenen Neurosen" mit Selbstmordgefahr führt.
4. Notwehr, besonders nach körperlichen Angriffen,
5. Übererregbarkeit, oft aufgrund von Schilddrüsenüberfunktion,
6. seelisch-geistige Überforderung,
7. Sadismus,
8. sexuelle Stauungen,
9. Wirkung von verschiedenen Drogen, besonders von Alkohol,
10. manche Alters- und Entwicklungsphasen, besonders die Pubertät,
11. Nebennierenrindenüberfunktion mit vermehrten 17-Keto-Steroiden im Blut,
12. epileptoide Veranlagung,
13. athletischer Körperbau mit viskösem Temperament (nach MALL und ENKE),
14. „gemütlose Psychopathen" im Sinn von SCHNEIDER (vgl. dazu die Ausführungen unten S. 54).

Wie kann ein Mensch seine Aggressionen verarbeiten und überwinden?

1. Durch körperliche (kräftige) Betätigung

   a) *sinnvoller Art,* z. B.
   beim Holz hacken,
   bei sportlicher Betätigung, z. B. Boxen und Ringen, aber auch bei sonstigem Leistungssport,
   bei „aggressiven Berufen", wie z. B. Fleischer, Steinbruch- oder Abbrucharbeiter, Heizer,
   bei Wettbewerb- und Akkordarbeit lassen sich manche Aggressionen in sinnvolle „Arbeitswut" verwandeln;

   b) *weniger sinnvoller Art,* z. B.
   durch Hacken oder Umgraben festen Bodens,
   durch Zerschlagen von angebrochenem Geschirr,
   durch Zerreißen von Papier, Stoff usw.,
   durch das – manchmal gegen Gebühr erlaubte – Zertrümmern von Straßenbahnwagen,
   durch das Zerschlagen von Brennesseln beim Waldspaziergang oder werfen, schießen, schlagen, an Kraftproben teilnehmen auf einem Jahrmarkt;

c) *keinesfalls sinnvoll* aber wäre das Zerschlagen von heilem Porzellan, von Lampen oder Möbeln, das wir bei wenigen unserer Patienten beobachten konnten.

2. Durch Worte
   a) *sinnvoll* ist ein „heiliger", berechtigter Zorn, eine heftige, sachliche und angemessene Reaktion durch Worte;
   b) *weniger sinnvoll,* aber doch gelegentlich heilsam, wirken Schimpfen und sonstige „Wutausbrüche", wenn sie nicht in Gegenwart anderer und nicht unkontrolliert erfolgen;
   c) *keinesfalls sinnvoll* aber ist unbeherrschtes Toben mit unflätigen Ausdrücken.
3. Durch schriftliche Äußerungen
   a) *sinnvoll*
      in der „schriftlichen Selbstanalyse"; hier erweisen sich Wutentladungen (in der Regel gegen elterliche Autoritäten gerichtet) als besonders fruchtbar und als ein Anlaß zu vertieftem Verstehen der eigenen Person und der „Objekte" der Aggression,
      in dem Schreiben wütender Briefe, wenn sie *nicht* abgeschickt werden;
   b) *weniger sinnvoll*
      unbedachte Kränkungen,
      „grobe", aber nicht beleidigende Briefe, geschrieben und abgesandt;
   c) *keinesfalls sinnvoll*
      sind schriftliche Beleidigungen oder üble Nachrede gegenüber Dritten.
4. Durch leichtere Betätigung
   a) *sinnvoll*
      musisch beim Zeichnen, Malen, Modellieren, Theaterspielen, auch Aufräumen mit dem Vernichten und Zerreißen von nicht benötigten Papieren;
   b) *weniger sinnvoll*
      leichtfertiges Spielen mit geringer Gefährdung;
   c) *keinesfalls sinnvoll*
      unvorsichtiges Verhalten im Verkehr (zu schnelles Autofahren) oder Tollkühnheit jeder Art.
5. In der Phantasie und im Bilderleben
   a) *sinnvoll*
      das Ballen und Stoßen der Fäuste beim „Zurücknehmen" im autogenen Training Unterstufe,
      die Auseinandersetzungen beim autogenen Training Oberstufe auf dem Meeresgrund;
   b) *weniger sinnvoll*
      Tagträume von Grausamkeiten,
      sadistische Phantasien;

c) *keinesfalls sinnvoll*
Umsetzen von sadistischen Phantasien in die Wirklichkeit.

6. Ersatzbefriedigung
   a) *sinnvoll*
   Bücher, Bilder und Filme mit harmlosen, humorvollen oder künstlerisch wertvollen Kriminal-, Wildwesthandlungen und Schlägereien;
   b) *weniger sinnvoll*
   Betrachten sadistischer Filme und Lesen von Grausamkeiten;
   c) *keinesfalls sinnvoll*
   sind Tierquälerei,
   seelische Grausamkeit oder gar Mißhandlung von Menschen.
7. Durch öffentliche Protesthandlungen
   a) *sinnvoll*
   Demonstrationen ohne Ausschreitungen oder mit Sprechchören;
   b) *weniger sinnvoll*
   bei gegenseitiger Eskalation durch „Tomatenwürfe" und Beschimpfungen einerseits,
   durch Wasserwerfer andererseits:
   c) *keinesfalls sinnvoll*
   Steinwürfe, Zerstörungen, Verletzung, Tötung.

So zeigt sich an diesem ausführlich durchgeführten Beispiel der Aggressionen, wie notwendig einerseits ärztliche Diagnose ist, um die Ursachen zu klären, gegebenenfalls abzustellen und vor dem Abgleiten in wenig oder keinesfalls sinnvolle Reaktionen zu bewahren; und wie wichtig andererseits die Selbsthilfe ist, weit über den hier besprochenen Bereich der schriftlichen Selbstanalyse hinaus, vorausgesetzt, wir erkennen und beachten die notwendigen Grenzen.

Werden Sie sich Ihrer Ambivalenzen (Ihrer widersprüchlichen Strebungen) bewußt!

Neben verdrängten Aggressionen sind die verborgenen Ambivalenzhaltungen eine Hauptquelle seelischer Störungen und damit eine Hauptaufgabe der Selbstanalyse. Schon frühkindliche Affektbindungen führen oft zum gleichzeitigen Auftreten entgegengesetzter Strebungen, die sich nicht vereinbaren und nicht verarbeiten lassen: einerseits liebt ein Kind Vater und (oder) Mutter, andererseits entdeckt es offenkundiges Fehlverhalten (Grausamkeit, Ungerechtigkeit, Unwahrhaftigkeit usw.) bei ihnen. Einerseits lockt ein zu Recht oder Unrecht verbotener Lustgewinn, andererseits drohen empfindliche Strafen, wenn das Verbot übertreten wird.
Einerseits drängt die Pflicht, andererseits verlangt der erschöpfte Organismus Ruhe, oder es verführt die schlichte Faulheit.

Mannigfaltig sind die Ambivalenzsituationen von dem nicht seltenen tragischen Konflikt des Mannes zwischen zwei Frauen bis zu dem sprichwörtlichen und alltäglichen „Ich weiß nicht, was ich zuerst tun soll."
Nicht jeder ist dem gleichzeitigen Auftreten entgegengesetzter starker Affekt- oder Willensstrebungen gewachsen. Je klarer die (oben erwähnte) Wertordnung das Wichtige vom Unwichtigen unterscheidet, um so leichter lassen sich störende oder gefährliche Ambivalenzen überwinden.
Die folgende ausführliche Krankengeschichte zeigt vielfältige Ambivalenzhaltungen in einem Lebensschicksal und bietet zugleich ein Beispiel für den Wert der (oben S. 14 genannten) ärztlich angeleiteten und regelmäßig begleiteten Selbstanalyse.

Beispiel für eine Selbstanalyse voller Affekte und Ambivalenzen

Beschwerden und Befunde

Eine 25jährige Kunststudentin meldet sich nach einem Selbstmordversuch auf eine Fernsehsendung hin:
Zunächst berichtet sie nur von ihren Studienschwierigkeiten: „Ich kann einfach nichts behalten". Bald aber auch von erheblichen neurotischen Beschwerden: „Ich leide unter einem Zählzwang, – meist muß ich aber nur bis zwei zählen, z. B. beim Laufen, beim Saubermachen usw. fast militärisch ‚eins-zwei, eins-zwei, eins-zwei'." Ihre Onychophagie, ihr Nägelknabbern, hat extreme Formen angenommen: alle Fingernägel sind seit ihrer Kindheit bis zu teilweise verschorften Stümpfen abgekaut. „Selbst im Zimmer muß ich meist Handschuhe tragen, und selbst an denen kaue ich noch oft die Spitzen ab", ein nur allzu beredtes Zeichen ihrer heftigen Aggressionen. Mit dieser Form der Selbstverstümmelung erhalten auch ihre in der Kindheit verwurzelten Minderwertigkeitsgefühle ständig neue Nahrung. Obwohl sie weit überdurchschnittlich hübsch und attraktiv aussieht, klagt sie unablässig über ihre Häßlichkeit. Als *früheste Kindheitserinnerung* schreibt sie darum in der Selbstanalyse auf: „Ich habe ständig abends und nachts gebetet: Lieber Gott, laß mich hübsch werden!"

Diagnose

Aus diesen und vielen anderen Symptomen ergibt sich als erste *Diagnose* das eindeutige Bild einer
Kernneurose mit sekundärer, gehemmter, mittelschwerer Depression, mit vielfältigen anankastisch-phobischen Zuständen (Zwangs- und Angsterscheinungen) mit Liebes- und Familienkonflikten sowie mit erheblichem Nikotinabusus (sie raucht über 50 Zigaretten täglich).

Therapieplan

In enger Verbindung mit dem für die Studenten zuständigen Universitätspsychiater, der eine volle Psychoanalyse ebenfalls für erforderlich, aber aus äußeren Gründen für undurchführbar hält, beginnen wir zunächst mit der *Selbstanalyse* sowie unterstützend mit *pharmakopsychiatrischer Behandlung.*

Über zwei Jahre hindurch erscheint sie durchschnittlich alle vierzehn Tage einmal mit meist zwei bis fünf Seiten ihrer Aufzeichnungen zur *Lebensgeschichte,* ihren Beschwerden, ihren Träumen und ihren Tagträumen, aus denen die folgenden Zitate entnommen sind (nur die Personennamen sind verändert). Wie ein roter Faden zieht sich durch diese Berichte die Ambivalenz, d. h. ihr gleichzeitiges Streben in entgegengesetzte Richtungen. Das betrifft besonders den zentralen Lebensbereich der Sexualität, offenbart sich jedoch schon in ihrer Beziehung zu den Eltern:

Eltern

Viele Aufzeichnungen der Patientin tragen den Stempel offenkundiger Wahrhaftigkeit, andere dagegen sind kritisch aufzunehmen, wieder andere sind offenbar ihrer blühenden Phantasie entsprungen und objektiv unrichtig (so berichtet sie mehrfach von den entsetzlichen Vergewaltigungen, denen sie ausgesetzt war, der frauenärztliche Befund jedoch stellte danach fest, daß sie noch immer Virgo intacta, also unberührt, sei). Zunächst sollen ihre eigenen Worte sprechen:

24. 5. 1966: „Als ich sieben Jahre alt war, ließen sich meine Eltern scheiden. Ich blieb bei meiner *Mutter,* sie beschimpfte mich ständig und nannte mich immer ihren ‚Sargnagel‘. Sie drohte auch dauernd mit dem Selbstmord, dann käme sie noch schneller unter die Erde als ich sie sowieso dorthin brächte. Auf der anderen Seite hat mich meine Mutti schon mit acht Jahren immer geküßt wie ein Mann. Ich schlief mit ihr in einem Bett und mußte sie jeden Abend streicheln, bis sie einen Orgasmus hatte. Das ging jahrelang so.

Andere ständig wiederholte Lieblingsausdrücke von ihr waren: „Du Satansbraten, du molches Biest, du doofe Kuh, deinetwegen muß ich mich noch aufhängen."

10. 6. 1966: „An meinem *Vater* habe ich immer sehr gehangen. Er war für mich der herrlichste von allen (Männern). Mutti hat mich aber so lange gegen den Vater aufgehetzt, bis ich ihr schließlich geglaubt habe, daß er ein ganz ekelhafter Kerl wäre. Dann habe ich aber als 18jährige einmal 3 Monate bei ihm gewohnt und dabei festgestellt, daß das alles nicht stimmte und er in Wirklichkeit recht nett ist."

Schon in den kindlichen Beziehungen zu beiden Eltern lassen sich also die deutlichen Züge der Ambivalenz, der gleichzeitigen entgegengesetzten Empfindungen erkennen.

Sexuelle Probleme
(lesbisch und heterosexuell)

Das gilt genauso für ihre gegensätzlichen Beziehungen zum anderen wie zum eigenen Geschlecht.
Am 12. 6. 1966 schreibt sie: „Einerseits habe ich gar keine Lust, über meine ekelhaften Erinnerungen zu schreiben, aber andererseits muß es wohl sein, sonst können Sie mir nicht helfen. . . .
Heute morgen habe ich onaniert und mir dabei vorgestellt, daß ich mit meiner Mutter schlafe, es war so, daß sie mich befriedigte, während ich in ihren Brüsten wühlte . . . Eher werde ich mein ganzes Leben lang onanieren, ehe ich meinen Körper irgendeinem von diesen ekelhaften Männern gebe."
Noch an anderen Stellen werden ihre in der Kindheit wurzelnden *lesbischen Neigungen deutlich:*
„Manchmal stelle ich mir vor, mit einem Mädchen zu schmusen . . . Seit einigen Monaten kenne ich eine, in die ich anfangs ziemlich verliebt war. In der letzten Zeit habe ich sie mir oft während der Onanie vorgestellt."
Die sexuellen Fragen stehen bei der Patientin – wie durchaus üblich – nach Umfang und Gewicht an erster Stelle. Bei ihr jedoch war es nicht nur das erste, sondern auch fast das einzige Thema, von dem ihre Erinnerungen, ihre wirklichen oder vermeintlichen aktuellen Erlebnisse, ihre Träume und ihre Tagträume berichteten. Noch am gleichen Tag steht in ihren Aufzeichnungen zu lesen:
„Seit über zwei Jahren habe ich mit meinem Freund Ludwig intime Beziehungen (vgl. dagegen den frauenärztlichen Befund oben), aber ich habe mich mit ihm nur eingelassen, weil ich das für natürlicher hielt als die Selbstbefriedigung. Das sogenannte Liebesspiel davor hat mir meist nicht viel gegeben und nachher, wenn ich allein war, habe ich oft noch onaniert und mir dabei vorgestellt, Ludwig wäre noch anwesend.
Oft ist es vorgekommen, daß ich nach der Schmuserei geweint habe oder wütend geworden bin und zu Ludwig völlig kalt und abweisend war, dann habe ich ihn „betrogen", indem ich mir beim Onanieren andere Männer vorgestellt habe."
„Seit Ludwig sich neulich von mir getrennt hat (es handelte sich um eine Meinungsverschiedenheit, die einige Tage danach wieder be-

hoben war) bin ich noch wütender, und mit meinen Phantasien ist es schlimmer als je zuvor. Ich lasse in meiner Vorstellung alle Männer, die mich körperlich anzuziehen vermögen, antanzen und lasse mich mal von dem einen, mal von dem anderen und von allen zusammen befriedigen, wie es sich die schlimmste Dirne nicht besser ausmalen kann.

So stehen viele Leute um mich herum und beobachten mich dabei, wenn ich befriedigt werde.

Manchmal lasse ich mich auch vergewaltigen. Meine *Phantasie* kennt da keine Grenzen. Dabei habe ich in Wirklichkeit eine panische Angst davor, daß ich einmal wirklich vergewaltigt werden könnte." Gerade das Thema der Vergewaltigung, teils von Angst, teils von Lust beherrscht, betont ihre Ambivalenz.

Eine Woche später nimmt sie in ihrer Selbstanalyse die gleichen Themen wieder auf:

„Beim *Onanieren* stelle ich mir immer vor, mein Finger wäre der Penis eines Mannes. Dabei waren meine Beziehungen zu Männern, bis ich 21 war, immer ganz harmlos. Als ich 17 war, habe ich mich einmal nicht ganz korrekt benommen. Ich lernte einen zehn Jahre älteren Mann kennen und war so naiv zu glauben, daß man ohne weiteres kameradschaftlich neben ihm nackend im Bett liegen könnte. Eine Woche lang habe ich in seinem Zimmer mit ihm gewohnt. Er hat natürlich auch versucht, mich zu verführen, aber das einzige, was ich ihm erlaubt habe, war, mich immer wieder zu streicheln, aber ich habe keinen Orgasmus dabei gehabt.

Mit 18 Jahren hatte ich in der Eisenbahn ein sehr häßliches Erlebnis. Ich war als einzige im Abteil, da kam ein *Exhibitionist* nach Mitternacht herein und streckte mir seinen riesigen Penis entgegen. Als er wieder fort war, riegelte ich die Abteiltür zu, aber seitdem habe ich eine entsetzliche Angst vor Einbrechern. Nachts wage ich nie, ein Fenster oder die Balkontür zu öffnen. Bevor ich ins Bett gehe, sehe ich immer erst unter dem Bett und sogar in den Schränken nach, ob sich nicht irgendwo ein Mann verborgen hält" (den sie in Wahrheit ebenso stark herbeisehnt wie fürchtet).

Träume

(zentripetal = angstvoll-passiv und zentrifugal = exhibitionistisch-aktiv)

Auch in ihren *Träumen* stehen diese sexuellen Themen im Vordergrund. Am 3. 7. 1966 bringt sie das folgende, für sie typische Traumprotokoll mit:

„Eine Dame kommt unsere Straße entlang, mit einem Hund undefinierbarer Rasse spielend. Da wird der Hund immer größer, wie ein Pferd, aber sie hat keine Angst vor ihm, sondern neckt ihn und steckt ihren Arm tief in sein Maul. Der Hund beißt zu; scherzend schimpft die Frau mit ihm, doch die Wunde fängt sehr stark zu bluten an, und ich habe Angst, die Frau könnte verbluten. Ich will einen Arzt holen und komme dabei in die Wohnung einer älteren Frau, da liegen noch andere Frauen herum . . . in einer Ecke unterhalten sich eine Gruppe von Menschen, da kommt ein Mann auf mich zu. Ich krieche dabei mit meiner Cousine in ein Bett in der Ecke. Meine Cousine macht Annäherungsversuche, streichelt und umarmt mich. Ich wundere mich, daß sie lesbisch ist und ganz unbefangen alles tut, was ich immer träume.

Ich verhalte mich zunächst passiv, weil ich Angst habe, daß uns die Leute am Tisch beobachten könnten. Dann werde ich aktiver, streichle ihre Brust und ihre Geschlechtsteile. Doch sie hält ihre Beine fest zusammen, und ihre Vagina fühlt sich ganz fest und steif an wie ein Stein. Sie faßt das Ganze als autogenes Training auf, das sie von mir lernen wollte.

Zu diesem letzten Traum muß ich noch sagen, daß meine Cousine und ich als Kinder (ich war acht Jahre alt, meine Cousine $2^1/_2$ Jahre jünger) zusammen gebadet haben und dabei unsere Geschlechtsteile gegenseitig angeschaut haben. Ich habe sie auch berührt."

Das gleiche Motiv taucht auch in einem Traum vom 19. 9. 1966 auf: „Ich tanze mit einem Mädchen. Von ihrer Gestalt habe ich nur das Oberteil eines schwarzen Kleides mit einem Riesendekolleté vor Augen (wie ich es neulich in der „Brigitte" angeschaut habe. Überschrift: Wie bekommt man einen schönen Busen?). Ich mache Annäherungsversuche und sage dem Mädchen – es ist meine Cousine – daß ich eigentlich gar nicht so richtig lesbisch sei, sondern nur manchmal . . ."

Noch öfter begegnet ihr die Cousine in ihren Träumen. So auch am 21. 1. 1967:

„Ich sitze in einem Theatersaal. Ein Mädchen hantiert an irgendwelchen Knöpfen herum (ich habe mal in einem Kino als Platzanweiserin gearbeitet, da gab es auch solche Knöpfe, um den Ton lauter und leiser zu stellen). Sie trägt ein an den Seiten bis zu den Schultern aufgeschlitztes Kleid, so daß man ihre recht durchsichtige Unterwäsche sieht. Auf dem Rücken trägt sie ein Schild mit der Aufschrift: Theateraufführung. Da geht der Vorhang auf. Ein blondes langhaariges Wesen steht auf der Bühne, legt sich mit dem Rücken platt auf den Boden und beginnt, über ihre Gestalt zu sprechen. Ihr

Körper verschaffe ihr viele Vorteile, dabei tastet ihr Blick ihn ab. Sie trägt schwarze Netzstrümpfe und eine Corsage mit tief ausgeschnittenem Dekolleté. Schließlich sehe ich nur noch dieses Dekolleté in Großaufnahme und wie das Mädchen die Corsage öffnet und mit ihren Brüsten spielt.
Auch von meiner Cousine habe ich in dieser Nacht geträumt."
Das Schlüsselwort „Theateraufführung" faßt kurz und deutlich die hysterische Haltung der Patientin im Sinn einer „zentrifugalen Ausdrucksfälschung" (SCHULTZ) zusammen, von der sie selbst erkennt: „Vor anderen Menschen spiele ich auch gerne etwas Theater."

Vergewaltigungen
(Furcht und Hoffnung)
Immer wieder berichtet die Patientin von angeblichen Vergewaltigungen, denen sie ausgesetzt war. Am 29. 8. 1966 ist ihre Selbstanalysestunde um 20.00 Uhr beendet. Um 21.00 Uhr erscheint sie wieder und berichtet lebhaft und tränenüberströmt, sie sei soeben in einem nahen Park von drei Männern vergewaltigt worden. Ich rate ihr ab, zur Polizei zu gehen, weil ich an der objektiven Richtigkeit der Aussagen zweifle.
Am 4. 11. 1966 ist sie von einem Herbsturlaub aus Rumänien zurückgekehrt. Als erstes berichtet sie Einzelheiten, wie ein Amerikaner (???) sie dort an der Schwarzmeerküste vergewaltigt habe, daß sie sich schließlich habe befreien können, den Mann angezeigt habe, der inzwischen zu mehreren Jahren Gefängnis verurteilt worden sei (???) (vgl. nochmals den oben angegebenen frauenärztlichen Befund!). An diesem Tag erkennt sie in einer analytischen Besprechung einige tiefere Hintergründe der häufigen ambivalenten Berichte über eine Vergewaltigung.
Doch schon am 25. November erzählt sie aufgeregt von dem neuen Musikprofessor, bei dem sie Gesang studiere:
„Er erklärt mir immer, die Nachtigall singt am schönsten in der Brunstzeit. Auch der Mensch muß vor allem sexuell erregt sein beim Singen. Dafür sorgt er dann während jeder Gesangstunde ausgiebig, und am Schluß will er mich vergewaltigen. Öfter bin ich ihm schon fortgelaufen, aber heute hatte er die Türen zugeschlossen. Ich konnte mich nicht mehr wehren" (vgl. oben S. 37).
Ein letzter Traum vom 9. 2. 1967 soll als Beispiel für diesen in ständigen Variationen behandelten Themenkreis dienen:
„Ich träume, ich gehe die Treppe hinauf und rufe nach meiner Nachbarin. Im gleichen Moment weiß ich, daß ich etwas Verkehrtes getan habe. (Einfall: Beim Onanieren habe ich so oft ein schlechtes Ge-

wissen.) Da kommt sie mit wehendem Nachthemd auf mich zu, stürzt mir liebestrunken in die Arme und versucht, mich in ihr Zimmer zu ziehen. Ich fühle mich dabei entsetzlich schwach und kann mich nicht wehren. Ich habe schreckliche Angst und rufe um Hilfe."
(Einfall: Dasselbe Gefühl der Ohnmacht habe ich immer meiner Mutter gegenüber.)

Religiöses Sehnen und Selbstmordversuchung

Im Leben und in den Träumen der Patientin taucht immer wieder eine andere Gruppe von Erlebnissen auf, die sich im weiteren Sinne des Wortes als „religiös" bezeichnen lassen.
Dazu gehören einerseits *Schuldgefühle,* die sich bei ihr teils auf die sexuellen Phantasien, auf die Onanie und ihre lesbischen Neigungen beziehen, teils auf ihr „Lügen", mit dem sie einerseits die „Schauspielerei" des fröhlichen Gesichtes bezeichnet, wenn sie verzweifelt ist, andererseits die von ihr erkannte Neigung zum Übertreiben und Phantasieren.
Durch die Schuldgefühle werden ihre zwangsneurotischen Reinigungszeremonien verständlich, von denen sie schreibt: „Manchmal brauche ich den ganzen Vormittag dazu, um meinen Waschritus streng einzuhalten. Nur wenn ich mich stundenlang von oben bis unten abgeseift habe, komme ich mir wenigstens äußerlich sauber vor. Ehe ich dann mein streng durch Zählen geregeltes Anziehen und mein Make-up erledigt habe, ist es Mittag, und ich bin wieder nicht zum Arbeiten gekommen.
Zu den Schuldgefühlen gehört das *Beten* als Ausdruck ihres religiösen Sehnens. „Ich bin eine Heidin", schreibt sie, „aber ich muß doch immerfort beten. Ob ich aus dem Lied ‚o santa Maria, madre di Dio' vor mich hinspreche oder einfach ständig murmle: lieber Gott, lieber Gott – Meistens aber rufe ich meine verstorbene Oma zu Hilfe, besonders wenn ich wieder so unerträgliche Kopfschmerzen habe. Aber beten muß ich, und nachher fühle ich mich wenigstens etwas erleichtert."
Ein dritter religiöser Lebenskreis ist die Auseinandersetzung der Patientin mit den *Fragen nach dem Tod,* die für sie in enger Beziehung zu dem ersten und wichtigsten Gebet ihres Lebens stehen: „Lieber Gott, laß mich hübsch werden."
Am 4. 6. 1966 schreibt sie:
„Mein ganzes Leben ist ein einziges Warten auf den Tod. Dabei erscheint mir mein Gesicht wie eine Maske aus Sand. Meine Haut setzt sich aus tausend feinen Sandkörnern zusammen. Sobald ein

kalter Wind darüber hinwegfegt, trägt er die Sandfläche ab. Nur eine transparente Schicht bleibt zurück, und darunter grinst mich der Totenschädel an."

Eng mit den Todesgedanken hängen ihre Selbstmordwünsche und -pläne zusammen, derentwegen sie – trotz manchen Leugnens – die Behandlung gesucht hatte. „Ich bin nur gekommen, damit Sie mir helfen, daß ich meine Studienbücher konzentriert lesen kann und auch behalte, was ich lese", so betonte sie in der ersten Stunde, aber ihre Gedanken und Träume kreisen um Aggression, Selbstmord und Tod.

„Früher hatte ich die dummen Selbstmordgedanken nur vor und während der Periode, jetzt kreist mein Denken immer wieder darum, ob es nicht doch schade war, daß ich aus dem letzten Selbstmordversuch gerettet wurde ...

Gestern träumte ich:

Ich lehnte mich ganz weit aus dem geöffneten Fenster; es regnete und war ganz dunkel. Ich wollte mich hinunterstürzen ..."

Das Bild vom geöffneten Fenster und dem Wunsch, hinunter zu springen, kehrt mehrfach wieder. Einmal sieht sie aus dem Fenster im Traum tief unten die Leiche ihres Großvaters liegen, bei dem sie aufgewachsen ist und der in Wahrheit noch lebt – ein deutlicher Hinweis darauf, gegen wen sich ihre Aggressionen richten.

Einige Gründe sind ihr davon erinnerlich, – zugleich als ein letztes Beispiel für ihre Ambivalenz:

„Ich hing sehr an meinem Großvater; aber es sind auch unschöne Dinge passiert. Ich schlief in demselben Zimmer wie die 55jährige Freundin meiner Oma. Nachts kam er manchmal in betrunkenem Zustand an das Bett dieser Frau, die öfter bei uns zu Besuch war, und belästigte sie und berührte ihre Brüste. Auch am Tage hat er ihr öfter unter den Rock gegriffen und hat sie umarmt. Dabei war er doch schon damals 81 Jahre alt."

Die Oberstufe des autogenen Trainings hilft ihr wesentlich, die Aggressionen zu verarbeiten. Bei dem „Weg auf den Meeresgrund" (vgl. THOMAS 1972 a) begegnet ihr immer wieder ein riesiges Krokodil mit einem weit aufgerissenen Maul und kleinen, auseinanderstehenden Zähnen. „Ich wollte mir lieber andere Tiere vorstellen, aber das ging nicht." Die siegreichen Kämpfe mit dem Krokodil erleichtern sie und mindern die Selbstmordgefahr. Schließlich nehmen die Krokodile ein immer friedlicheres Aussehen an. „Jetzt haben sie sogar nur einen harmlosen Mäuseschwanz", berichtet sie am 18. 7. 1966.

Noch ein weiteres Bild beherrscht den „Meeresgrund": „Aus einer dunklen Höhle tauchte ein flaches, weißliches Gebilde auf, das die Form einer länglichen, umgedrehten Glühbirne hatte. Weil mir die

Symbolik zu plump vorkam, wartete ich ab. Das Gebilde drehte sich, nahm plastische Form an und hing dann wirklich als Glühbirne leuchtend an der Decke und erleuchtete die vorher finstere Höhle."
Offenbar gelangt allmählich ein wenig Licht – mindestens einige Einsichten – in das bisher dunkle Gebiet ihrer – durch die Form der Gebärmutter = Glühbirne – symbolisierten Sexualität.
Während der zweijährigen Behandlung der Patientin hat die Selbstanalyse durchaus ihren Wert erwiesen

> mit einer fortschreitenden Klärung der Ambivalenz und mit einer erheblichen Milderung ihrer Symptome.
> Die Selbstmordgefährdung ist gewichen, und die damit verbundenen Aggressionen – besonders das Nagelkauen – haben fast völlig aufgehört.

Zugleich zeigt das Beispiel auch die Grenzen der Selbstanalyse: Eine volle Heilung der Kernneurose in 50 Stunden war nicht zu erwarten. Die Behandlung wurde durch einen längeren Krankenhausaufenthalt des berichtenden Arztes unterbrochen. Die Patientin konnte einen anderen Arzt zur intensiven psychoanalytischen Weiterbehandlung aufsuchen. Ein abschließender Bericht steht noch aus (L.-Nr. 11112).

Schreiben Sie Unklarheiten als Fragen nieder!

Bedeutung und Sinn der Fragen

Selbstanalyse will fortschreitende Klarheit über die eigene Persönlichkeit, die bewußten und die „unbewußten" Motive, Affekte, insbesondere die Aggressionen und die Ambivalenzen vermitteln. Die „Arbeit mit dem freien Einfall" ist und bleibt dabei seit FREUD die Methode der Wahl. Gerade das „freie Strömen der Einfälle und Gedankenverbindungen" will gelernt sein. Ungeübten, weniger besinnlich oder geistig beweglich veranlagten Menschen bereitet es – besonders in der Selbstanalyse – Schwierigkeiten, solche Einfälle zu erkennen und auszuwerten.
Als eine wesentliche Hilfe haben wir es erlebt, wenn dann Fragen die Einfälle ausgelöst und gefördert haben. Ein Mißverständnis liegt dann nahe: *Wer an die Stelle einer vertieften analytischen Selbstbesinnung, eines Eindringens in die unbekannten Sphären der (von* FREUD *als „unbewußt" bezeichneten) verdrängten Wünsche, der verborgenen und verbotenen Triebstrebungen das bloß intellektuelle Nachdenken und schematisch-oberflächliche Beantworten von Fragen setzen will, der würde sich mit solchem Frage- und Antwortspiel nur weiter von dem eigentlichen Ziel der Selbstanalyse entfernen.*

Wer dagegen bis an die Grenzen der philosophischen und theologischen Bedeutung dieser Worte heran auch im tiefenpsychologischen und medizinischen Bereich „sich selbst in Frage zu stellen“ lernt, der schließt die freien Einfälle nicht aus, sondern bahnt erst den Weg zu ihnen.

Die zahlreichen Fragebogen dieses Büchleins unter anderen in dieser Reihe sind also nicht als Zwang zu verstehen, auf eine Frage nach der anderen eine Antwort zu suchen und niederzuschreiben, und noch viel weniger als Grundlage für den Irrtum, das Suchen und Finden von Antworten bedeute bereits eine Selbstanalyse. Vielmehr wollen die Fragen zum Be-sinnen und zum Er-innern verhelfen, ob nicht auch auf diesem oder jenem bisher unbeachteten Gebiet Gründe für Verletzungen, Konflikte oder Sorgen zu suchen sind.

Vor allem aber können und wollen die zahlreichen Fragen allgemeiner Art in diesem Büchlein dazu anregen, die ganz persönlichen eigenen Fragen zu entdecken und niederzulegen.

Beispiel eines selbstanalytischen Fragenkataloges

Der einfache Rat, auf alle Unklarheiten im eigenen Leben und bei der Umwelt zu achten und sie – als Fragen formuliert – aufzuschreiben, trägt wesentlich zur Selbstanalyse bei. Nicht etwa die Antworten des Arztes sind dann wichtig, obwohl sie bei schwerwiegenden Einzelheiten – mindestens in Form einer weiterführenden Aussprache – nicht grundsätzlich abzulehnen sind, sondern die Antworten, die der Patient selbst findet und aufschreibt.

Ein 34jähriger Ingenieur stellte z. B. im Laufe seiner Selbstanalyse folgenden Fragenkatalog zusammen:

Zu meinen Aggressionen

1. Warum bewirken technische Errungenschaften und Tätigkeiten der Menschen in mir die Auslösung von Haßgefühlen?
2. Ist mein Hang zum Einzelgängertum eine hinzunehmende Charaktereigenschaft oder als Flucht vor sozialer Einordnung bzw. Flucht vor der Verantwortung zu deuten?
3. Wie ist mangelnde Kontaktbereitschaft zu erklären?
4. Kann Verwöhnung als Einzelkind für Schwierigkeiten im späteren Leben verantwortlich gemacht werden?
5. Kann das Leben in einer Großstadt unter dauernden zu engen sozialen Kontakten und schlechten Erholungsbedingungen (ständige Lärmeinwirkung) dazu beitragen, Aggressionsgefühle auszulösen?

Mein Verhältnis zum anderen Geschlecht

6. Kann das Verhalten meiner Stiefmutter Haßgefühle auf Frauen erzeugt haben, die zu sadistischen Anwandlungen führen?
7. Können die Ziele des Sadismus auch männliche Personen oder die eigene Person sein?
8. Worin kann sich bei der Onanie der durch falsche Aufklärung entstandene Konflikt äußern?
9. Sind homosexuelle Neigungen in der Pubertät normal?
10. Wie ist das heftige „Sichverlieben" in Geschlechtsgenossen zu erklären?
11. Welche Ursachen gibt es für die Nörgeleien an meiner Frau?
    wenn es um das Geld geht: Existenzangst?
    wenn es um ihr Aussehen geht: ein Minderwertigkeitskomplex?
    schlechte sexuelle Erfüllung? andere Gründe?
12. Können sich Eheprobleme lösen, wenn die Partner nach einigen Jahren besser aufeinander abgestimmt sind?
13. Kann oft betriebene Onanie das Sexualverhalten in der Ehe ungünstig beeinflussen?

Meine Angst und mein Beruf

14. Läßt sich aus der bisherigen Behandlung und den aufgezählten Ängsten schon absehen, was die entscheidende Ursache meiner Angstgefühle ist?
15. Wenn nicht, welche anderen Ursachen kann es geben?
16. Läßt sich aus der bisherigen Selbstdarstellung die Ursache für
    a) meine schlechte Kontaktbereitschaft,
    b) mein mangelndes Selbstbewußtsein und meine mangelnde Durchsetzungskraft,
    c) meine Depression angeben?
17. Ist der Widerspruch zwischen dem früheren regen Interesse an der Technik und meiner jetzigen Abneigung gegen sie erklärbar?
18. Kann die Abneigung entstanden sein auf Grund seelischer Konflikte, die bei Eintritt ins Berufsleben zum Durchbruch kamen?
19. Läßt sich sagen, welcher Art diese Konflikte sind und wie sie beseitigt werden können?
20. Gibt es eine Erklärung für meine ständige Verträumtheit und meine Abneigung dagegen, mich daraus aufwecken zu lassen?
21. Kann meine Tbc-Erkrankung Ursache eines Minderwertigkeitskomplexes sein?

22. Woher kommt die sensible Empfindlichkeit und das Gefühl, persönlich angegriffen zu sein, wenn an meiner Arbeit sachliche Kritik geübt wird?
23. Welche Ursache hat die schlechte Gedächtnisleistung und die Hemmung gegenüber Vorgesetzten?
24. Lassen sich solche Ängste auf frühere unbewältigte Ängste der Kindheit gegenüber Eltern oder Erziehern zurückführen?

Meine Tagträume

25. Ist es richtig, daß stumpfe Passivität ihre Ursache in einem Triebkonflikt haben kann?
26. Welche anderen Ursachen kämen für ständige Unlustgefühle in Frage?
27. Wodurch entsteht Schüchternheit, insbesondere gegenüber Frauen, und die verstärkte Neigung, durch Phantasien die Wirklichkeit zu ersetzen?

... (Ein Abdruck der Fragen 28 und 29 über die Tagträume würde der Schweigepflicht widersprechen.)

30. Wie ist die Egozentrität der Gedanken und Vorstellungen zu durchbrechen? (L.-Nr. 6425)

Im Verlauf der Selbstanalyse fand der Patient selbst auf die Mehrzahl dieser Fragen ihn befriedigende Antworten, die offenbar wesentlich zur Besserung seines Befindens beitrugen.

II. Praxis von der Krankheitsgeschichte und ihrem klärenden Rückblick

(Der Gehalt der pathographischen Störungsanalyse)

Inhalt und Beispiele der Selbstanalyse

In der praktischen Durchführung sind drei Hauptgebiete zu erkennen: Stark vergröbert läßt sich die Selbstanalyse mit der Aufgabe vergleichen, drei verschiedene Bücher über das eigene Leben zu schreiben.

Das erste enthält eine Art *Lebensgeschichte* mit dem Ablauf der äußeren und vor allem der inneren Ereignisse, einschließlich einer kritischen Prüfung der eigenen Erfahrungen
in der Kindheit und den Beziehungen zu den Eltern,
in der Jugend und den Beziehungen zu den Geschwistern,
sowie im späteren Leben mit den vielfältigen sonstigen Beziehungen zur Umwelt.

Diesen Aufgaben ist ein Schwergewicht des folgenden Teils gewidmet. Zusätzlich berichtet dieser Teil aber auch von den Störungen und/oder Erkrankungen mit ihren Ursachen, ihrem Verlauf und ihren Folgen, also von einer Art *Krankheitsgeschichte* mit Gedanken über das Bewältigen der Vergangenheit, der Gegenwart und dem angstfreien Blick in die Zukunft.

Zum Wesen der schriftlichen Selbstanalyse gehört dabei die völlige Freiheit beim Niederlegen der Gedanken, Erlebnisse und Einfälle. Systematische Gliederung unterstützt die Ordnung und damit die Benutzung eines Buches, bewahrt vor einem Vergessen wichtiger Einzelheiten und fördert den Überblick über das Gesamtgebiet – hier der Selbstanalyse, begünstigt aber keineswegs das wünschenswerte freie Strömen der Erinnerungen und Assoziationen dazu.

Oft werden daher Lebensgeschichte und Krankheitsbericht weniger aneinander anschließen als vielmehr fließend ineinander übergehen oder auch untrennbar miteinander verwoben sein. Die Aufgabe des vorliegenden Büchleins besteht vorwiegend darin, den Vorgang der schriftlichen Selbstanalyse durch Überlegungen, Fragen und Beispiele anzuregen, wobei das Schwergewicht der individuellen Erfahrungen recht unterschiedlich verteilt ist.

Stehen bei einem Patienten die dramatischen Ereignisse seines äußeren Lebensganges im Vordergrund (vgl. S. 60), so wird bei einem anderen der Lebensablauf weithin beherrscht von der Krankheit, die ihn beschattet.

Zahlreiche praktische Beispiele und gekürzte Zitate aus den Selbstanalysen einiger unserer Patienten zeigen zugleich die Eigenart und die Wirkung dieser Therapiemethode gleichsam anhand von Schicksalen und Romanen, die das Leben selber schrieb. Jeder Hauptabschnitt endet dabei mit einem Fragebogen als einem möglichen – nicht etwa vorgeschriebenen – Leitfaden für die eigenen Aufzeichnungen, die Gedanken und Er-innerungen in dem jeweiligen Lebensbereich.

Das dritte „Buch" schließlich enthält eine *Sammlung von Träumen* und der Einfälle dazu. Für die Selbsterkenntnis kommt diesem Gebiet eine so hohe Bedeutung zu, daß wir den Träumen ein eigenes Büchlein widmen[12].

Kindheit und Eltern

Früheste Erinnerungen

Nach psychoanalytischer Theorie bestimmen ausschließlich die Eindrücke der ersten sechs Lebensjahre die spätere Entwicklung, die seelische Gesundheit und ganz vorwiegend mindestens den latenten Trauminhalt. Diese These deckt sich nicht ganz mit eigenen Beobachtungen, vielmehr lehrte uns die genau protokollierte tägliche Erfahrung von 25 Jahren psychoanalytischer Praxis, eine größere Anzahl von Krisenzeiten und -situationen zu unterscheiden. Ihre Überschriften dienen zugleich der Selbstanalyse, wenn wir sie in die Frageform verwandeln. Statt „früheste Kindheitserinnerungen" besinnen wir uns:

„Welches ist meine früheste Kindheitserinnerung?"

Dabei erscheint nochmals der Hinweis wichtig: Nicht die gedankliche Erinnerung allein, sondern die damit verbundene affektive Verarbeitung und vor allem die Übertragung der Affekte – mindestens in Gedanken – auf den Arzt wirkt heilend. Nicht so sehr also die theoretische Erinnerung befreit: „Mein Vater war doch ein Tyrann", sondern das Nacherleben der aggressiven Affekte, die der „Selbstanalysant" soweit als möglich und tragbar auf den Arzt überträgt.

Strenge Erziehung

Einige Beispiele sprechen für sich selbst und damit für die Bedeutung, die den ältesten, in der Erinnerung aufbewahrten Eindrücken für die spätere Entwicklung zukommt.

Das Leben eines – zur Berichtszeit 49jährigen Pfarrers war überschattet durch die grausam strenge Erziehung seines Vaters, eines äußerst korrekten Lehrers. In seiner Selbstanalyse schreibt der Pfarrer:

---

[12] Die Veröffentlichung ist unter dem Titel „Träume – selbst verstehen" erfolgt.

„Deutlich glaube ich mich daran zu erinnern, wie ich als Kind in meinem Bettchen hinter den Gitterstäben stand, auf die elterlichen Betten schaute und fragte: „Ist Onkel Date da?“ Damit meinte ich den gelegentlich auf Urlaub anwesenden Vater, den „Onkel Soldat“. Falls er zu Hause war, mußte ich mich still wieder hinlegen, andernfalls konnte ich fröhlich krähend die Mutter drängen, mich zu sich ins Bett zu nehmen.

Trotz des deutlichen Bildes kommen mir Zweifel; denn mein Vater kehrte schon aus dem (ersten Welt-)Krieg zurück, als ich 2½ Jahre war, und vielleicht kenne ich diese Geschichte nur aus den Erzählungen meiner Mutter.“

Der analytische Aussagewert dieser „frühesten Erinnerung“ wird nicht nennenswert geringer, wenn sie auf dem Umweg über den mütterlichen Bericht im Gedächtnis haften blieb, zumal er fortfährt:

„Vor meinem Vater hatte ich immer namenlose Angst. Die nächste ganz klare Erinnerung führt mich zurück zu einem Erlebnis kurz nach meinem fünften Geburtstag. Ich hatte zum ersten Mal einen Roller geschenkt bekommen. Mit dem Vorderrad blieb ich in schneller Fahrt in einem Gully hängen. Ich schlug auf die Bordkante, und mein linker Arm paßte sich deren eckiger Form an. Trotz erheblicher Schmerzen wehrte ich mich dagegen, daß mich Straßenpassanten nach Hause bringen wollten. Allein stieg ich die Treppe empor, wagte aber nicht zu klingeln aus Furcht vor väterlicher Strafe, sondern blieb drei Stunden leise wimmernd vor dem Bodeneingang sitzen, bis ich hörte und wußte, daß mein Vater zu einem Abendkursus das Haus verlassen hatte. Noch am gleichen Abend wurde der mehrfach gebrochene Arm dann operiert“ (L.-Nr. 10378).

Nach dieser Einleitung konnte es nicht verwundern, daß auch die folgenden 15 Jahre in dem Leben dieses Mannes von seiner Auseinandersetzung mit dem Vater erfüllt waren.

Angst

Auffallend häufig werden in den frühesten Kindheitseindrücken *Angsterlebnisse* geschildert.

Eine 36jährige Hausfrau mit einer schweren Schichtneurose berichtet als erste Erinnerung zugleich das früheste Auftreten ihrer quälenden Angstzustände, dem Leitmotiv ihrer Krankheit:

„... Als ich fünf oder sechs Jahre alt war, feierten meine Eltern mit Verwandten Silvester. Ich muß durch den Krach wach geworden sein und kam gerade ins Zimmer, als die Uhr zwölf schlug und alle „Prost Neujahr“ riefen. Als mein Onkel mich sah, nahm er mich hoch und hielt mich, unter den Armen gepackt, aus dem Fenster im zweiten Stock. So hing ich buchstäblich in der Luft und bin dieses Gefühl der Angst bis heute nie recht los geworden“ (L.-Nr. 6360).

Beschämung

Eine 30jährige, berufslose – weil arbeitsunfähige – Patientin schreibt in ihrer Selbstanalyse als erste Erinnerung, die zugleich ihre heftige aggressive Ablehnung aller Erscheinungen des kirchlichen Lebens verständlich macht:

> ... Ich war vielleicht vier Jahre alt, als ich mit meinem Freund, einem gleichaltrigen Nachbarssohn, zusammen in den Kindergarten ging; allerdings nicht gerne, weil wir dauernd beim Spielen herumkommandiert und oft so häßlich bestraft wurden. Der jeweilige Übeltäter wurde dann an einen Baum gebunden, und alle Kinder mußten drum herumtanzen und das betreffende Kind verätschen. Als das meinem Freund passierte, weinte er bitterlich, und ich war so empört, als ob mir das selbst passiert wäre. Ich weigerte mich, beim Verlachen mitzutun, und wurde deshalb gescholten und verhöhnt (in dem Sinne, er wäre wohl mein kleiner Bräutigam usw.) und beschloß, nie wieder in diesen Kindergarten zu gehen ... Es handelte sich um einen konfessionellen Kindergarten (L.-Nr. 6354).

Mißtrauen

Relativ häufig enthalten die frühen Erinnerungen bereits *Hinweise auf das spätere Symptombild.* Auch wenn nachträgliche Erklärungsversuche für die Beschwerden die Berichte gefärbt haben sollten, so bleiben sie mindestens dafür kennzeichnend, welche Gründe der Patient selbst als wesentlich ansieht.

Eine 27jährige Studentin der Medizin hatte ihr Studium aufgegeben, weil sie sich zu konzentrierter Arbeit unfähig fühlte. Wegen hartnäckiger Schlafstörungen ist sie ständig übermüdet und erschöpft. Als früheste Erinnerung berichtet sie in ihrer Selbstanalyse ebenfalls aus ihrem vierten Lebensjahr:

> „... In dieser Zeit gab es neben dem Fingerlutschen mit dem Schlafengehen viel Ärger. Ich war bei weitem nicht so viel müde, wie ich schlafen sollte. Schon vormittags wurde ich unruhig, weil ich wußte, daß ich nach dem Essen ins Bett mußte, obwohl ich noch ganz frisch war.
>
> Alle Spielsachen wurden mir fortgenommen; Vater konnte mich durch eine Ritze beobachten. Holte ich sie mir zurück, strafte er mich hart. Schließlich fand ich es am zweckmäßigsten, mich schlafend zu stellen. Auf jeden Fall bewirkte der Mittagsschlaf genau das Gegenteil von dem, was er bezwecken sollte. Vor Ärger und Unlust wurde ich

erschöpft, aber nicht müde. Es war regelrecht anstrengend, die Mittagszeit ohne Schlaf zu überbrücken, und eine echte Quälerei.

Als ich in der 9./10. Klasse war, bekam ich mittags oft Müdigkeitsanfälle. Obwohl ich so erschöpft war, daß ich die Augen kaum offenhalten konnte, brachte ich es nicht fertig, mich hinzulegen und zu schlafen, weil irgendeine Art krampfhafter Selbstkontrolle, die ich nicht aufgeben konnte, mich daran hinderte. Dann mußte ich oft an das allmittägliche Theater von früher denken.

Dieselbe lähmende Müdigkeit überfällt mich auch heute noch, wenn ich etwas tun muß, was mir nicht paßt ... und wenn ich nachts wach liege, gehen meine Gedanken immer wieder zu diesen Kindheitserlebnissen zurück" (L.-Nr. 6354).

Schlafen ist ein vertrauensvolles Sich-fallen-Lassen. Durch Mißtrauen kann diese Haltung erstickt und schwer gestört werden.

Wenn eine Patientin so schwere seelische Verletzungen aus früher Kindheit mitteilt, liegt die Diagnose einer tiefverwurzelten Schicht- oder Kernneurose nahe, deren fortwirkende Ursachen nicht ausreichend – etwa von autogenem Training oder einem einmaligen Aufschreiben – zu beseitigen sind. Die Selbstanalyse aber leistete auch bei dieser Patientin einen ausschlaggebenden Beitrag für die psychotherapeutische Arbeit.

Das gilt ähnlich auch für das folgende Beispiel:

Sexuelle Erlebnisse

Ein 26jähriger Student der Naturwissenschaften war besonders streng moralistisch erzogen worden. Das *Hauptsymptom* seiner „ekklesiogenen" Neurose war eine völlige *Impotenz,* durch die mehrfach die Verbindung zu Mädchen gescheitert war. Nach einem Selbstmordversuch war er zu Beginn der Behandlung noch immer in unmittelbarer Selbstmordgefahr, als er bei der Selbstanalyse sein frühestes Kindheitserlebnis in die folgenden Worte kleidete:

„Als ich vier Jahre alt war, hatten wir zu Hause Besuch, und ich mußte ausnahmsweise mit meiner zweieinhalb Jahre älteren Schwester im gleichen Zimmer schlafen. Da saßen wir gemeinsam unbekleidet auf dem Bettrand und untersuchten gegenseitig die Geschlechtsteile. Zum ersten Mal sah ich dabei nicht nur, wie ein Mädchen aussieht, sondern mich packte auch die unwiderstehliche Neigung, daß ich sie dort küssen und lecken wollte. Ich tat es jedoch nicht, kam mir aber von Stund an unbeschreiblich schlecht und schuldig vor. Ich glaubte, als einziger Mensch so entsetzlich unanständige Wünsche empfunden zu haben.

Durch viele Jahre hat mich dieses Schuldgefühl ständig begleitet und unerträglich belastet“ (L.-Nr. 6305).

Das vorstehende Erlebnis steht zugleich als Beispiel für eine große Zahl früher *Kindheitserinnerungen mit sexuellem Inhalt,* die als seelische Verletzungen zu werten sind. Sie zeigen meist die typischen, von der psychoanalytischen Literatur häufig geschilderten, schweren und unverarbeiteten Eindrücke, z. B. bei der Beobachtung des mißdeuteten elterlichen Geschlechtsverkehrs, bei Kastrationsangst, Penisneid von Mädchen usw. Die Fachliteratur enthält darüber so zahlreiche Angaben, daß wir hier auf weitere Beispiele verzichten.

Väter, besonders ehrgeizige und tyrannische

Die frühesten Kindheitserinnerungen betreffen häufig die Beziehungen zu Vater oder Mutter. Je stärker die Atmosphäre im Elternhaus von Spannungen erfüllt ist, je häufiger und nachhaltiger auf ein Kind Streit und Strafen, Scheltworte und Schläge einwirken, je öfter es vernachlässigt und verlassen die Geborgenheit und das Spiel, die Freude gemeinsamer Unternehmungen und das verständnisvolle Vertrauen der Erzieher vermissen muß, um so bedenklicher beeinflussen Ängste und Schrecken, Unruhe und Sorgen die kindliche Seele und legen damit den Grund für spätere neurotische Erkrankungen. Erweist sich eine gesunde Konstitution als widerstandsfähiger, so pflegen doch die fehlenden Kindheitserinnerungen an eine harmonische Beziehung zu Vater und Mutter das ganze spätere Leben zu überschatten und nicht selten das Verhältnis zum Ehegatten und/oder zum Vorgesetzten zu beeinträchtigen, weil und wenn hinter dessen Bild „unbewußt“ zum Beispiel der überstrenge Vater gesehen wird.

Strafen

Im Vordergrund – auch der öffentlichen Anteilnahme – stehen körperliche Zwangs- und Züchtigungsmaßnahmen, die verhängnisvolle Auswirkungen auf den jungen Menschen bis in das Erwachsenenalter hin zeitigen können. Ein 25jähriger Theologiestudent hat noch immer das *Bettnässen* seiner Kindheit nicht überwunden. Schwere *Onanieskrupel* und *sadistische Phantasien* als Zeichen einer „ekklesiogenen Neurose“ bringen ihn in Selbstmordgefahr zu unserer Ärztlichen Lebensmüdenbetreuung.

Über sein Verhältnis zum Vater, einem Pfarrer, und über dessen Erziehungsmethoden schreibt er in seiner Selbstanalyse rückblickend auf seine Kindheit vom 8. bis 10. Lebensjahr:

„Einmal versuchte er mir klarzumachen, ich hätte den Schlüssel aus seinem Fahrradschloß herausgezogen und verbummelt. Ich verstand seinen Vorwurf nicht, denn ich konnte mich nicht an ein solches Vorkommnis erinnern. Jedenfalls schlug er mich heftig, und ich hatte nach der „Strafe" das schreckliche Gefühl, irgendeiner ganz bösen Macht hilflos ausgeliefert zu sein, die mich erst schrecklich schlug und dann stundenlang in einer kleinen kalten Bodenkammer einsperrte. Ferner habe ich mit Sicherheit eine Tracht Prügel bezogen, weil ich dem Klavierüben nicht die nötige Aufmerksamkeit widmete und es vorzog, mit anderen Kindern auf dem ‚Landhof' zu spielen" (L.-Nr. 3898).

Nach einem Jahr regelmäßiger Selbstanalyse waren zwar die heftigsten Aggressionen und die Selbstmordgefahr gewichen, eine harmonische Beziehung zu seinen Eltern aber hatte er noch nicht gewonnen, als er sein Studium an einer westdeutschen Universität fortsetzte und daher die Behandlung unterbrach.

„... Das System seiner Erziehung sehe ich wie folgt:

Mein Sohn soll morgens und abends sein Gebet sprechen und soll lernen, in der Kirche und der Welt diakonischen Dienstes seine Heimat zu finden. Wenn er im übrigen seine Schularbeiten ordentlich macht, fleißig Klavier übt und noch ein wenig an frischer Luft mit anderen Kindern spielt, wird etwas Brauchbares aus ihm. Wenn er unartig ist, etwa mit Sachen der Eltern spielt und sie gar kaputtmacht oder seiner Mutter nicht aufs Wort gehorcht oder sich das Bettnässen nicht abgewöhnt oder nicht lieb zu seiner Schwester ... ist, dann muß er einmal oder mehrfach eine gewaltige Tracht Prügel mit dem Stock bekommen, damit durch solche Martern das Böse in ihm mit Stumpf und Stiel ausgerottet wird ..."

Für körperliche Mißhandlungen und Aggressionen fanden wir außerordentlich vielfältige Gründe[13]: die Trunksüchtigen und Sadisten, gemütlose Psychopathen (im Sinne von SCHNEIDER) und Athletiker mit „viskösem" Temperament und der Neigung zu „affektiven Eruptionen", Männer mit Nebennierenrindenüberfunktion oder unter der Spannungswirkung erzwungener sexueller Enthaltsamkeit, leicht Erregbare und Erregte mit oder ohne Schilddrüsenüberfunktion, mit oder ohne erlebnisbedingte Affektstauung, – sie alle neigen zu hartem, ja grausamem Vorgehen gegen ihre Kinder. Wütende Tyrannen werden nicht durch ihre Konstitution oder Krankheit entschuldigt und von ihrer Verantwortung entbunden, wohl aber gelingt es nicht selten, später den Kindern dieser – in Wahrheit selbst unglücklichen – Menschen Verständnis für das Verhalten der Väter nahezubringen und dadurch die Folgen der körperlich-seelischen Mißhandlungen zu mildern.

---

[13] Vgl. die Zusammenstellung S. 33.

Ehrgeiz

Gelegentlich sind es auch vorwiegend psychologisch oder tiefenpsychologisch verständliche Zusammenhänge, die manchen Vater in eine verheerende Fehlhaltung seinen Kindern gegenüber hineintreiben.

So hatte sich ein erfolgreicher Holzgroßhändler aus einfachen Verhältnissen emporgearbeitet. Seine 24jährige Tochter, eine Studentin der Wirtschafts- und Sozialwissenschaften, die an einer neurotischen Depression erkrankt war, berichtete von den Auswirkungen des fast krankhaften väterlichen *Ehrgeizes*, seiner *Minderwertigkeitsgefühle* und seines *Geltungsbedürfnisses*, zugleich aber von dem frühesten Auftreten ihrer Errötungsfurcht, die einen Hauptgrund für ihre Selbstmordgefährdung bildete.

> „... Mein Vater zwang mich sogar einmal, als ich 13 Jahre alt war, an einer Juniorenversammlung des Tennisclubs teilzunehmen. Da ich mich mit Händen und Füßen sträubte, hinzugehen, schlug er mich derartig, daß ich blaue Flecke bekam. Ich hielt mich an den Bettpfosten fest und am Schreibtisch und schrie und jammerte und bat, er solle mich doch zu Hause lassen, aber er kannte kein Erbarmen. Er packte mich an den Haaren und Armen und riß mich los, stieß mich in sein Auto und fuhr mich zum Club. Er brachte mich bis vor die Tür, damit ich nicht wieder ausreißen konnte, und schickte mich mutterseelenallein hinein. Ich war so voller Scham, voller Angst und Weltschmerz, daß mir schon alles egal war ... mit hochrotem Kopf blieb ich in einer Ecke, und als ich herauskam, standen meine Eltern mit stolzgeschwellter Brust vor der Tür, um mich in Empfang zu nehmen. Ich hatte an einer Versammlung teilgenommen, so, das war doch etwas! ...
>
> Meine Mutter sähe es auch sonst am liebsten, daß ich überall „der erste Mann an der Spritze wäre", damit sie stolz auf mich sein kann. Aber ich fühle mich so gar nicht der Welt gewachsen ... und die qualvolle Errötungsangst hat mich seitdem nie mehr verlassen" (L.-Nr. 11253).

Mindestens so unheilvoll wie körperliche Verletzungen also wirken sich – besonders bei feinempfindsamen Kindern – seelische Mißhandlungen aus. Noch nach zwei Jahrzehnten stiegen einer älteren (30jährigen) Medizinstudentin die Tränen in die Augen und die Zornesröte ins Gesicht, als sie ihre selbstanalytischen Aufzeichnungen über ihren Vater, einen angesehenen Arzt, und dessen Erziehungsmethoden überreichte. Auch bei ihr stand die *Errötungsfurcht* im Vordergrund der Klagen.

> „... Vati blamiert mich immer sehr gern. Er erzählt irgend etwas von mir und weidet sich, wenn ich mich vor Verlegenheit winde, dann rot werde und die anderen lachen. Das tut er besonders gern, wenn er

> mit mir in ... und Mutti gerade nicht anwesend ist! Sie würde sich sonst auf meine Seite stellen. Auch zu Hause hat er es oft schon so weit getrieben, daß Mutti weinend aus dem Zimmer gelaufen ist ..." (L.-Nr. 1379).

Autoritäre Fehlhaltung

Unter den vielen weiteren Ursachen, die zu väterlicher Härte und Grausamkeit führen, zählt jene Charaktereigenart zu den wichtigsten, die heute mit den Schlagworten „autoritär-repressiv" vielfach angeprangert wird, auch wo sie in Wahrheit nicht vorliegt. Die alten Tugenden des preußischen Beamten, Ordnung, Pflichttreue, Sparsamkeit, Pünktlichkeit und Sauberkeit, haben sich nicht nur geschichtlich als hervorragende Grundlagen einer unbestechlichen Verwaltung erwiesen, sie gehören zugleich auch zu den Hauptkennzeichen einer zwangsneurotischen („analen") Verhaltensweise im Sinne von FREUD. Unter allzu betonter autoritärer Erziehungsweise verkümmern und verkrüppeln dann nicht selten die seelischen Anlagen, die nur in freier Entfaltung eine gesunde, lebenstüchtige Persönlichkeit aufbauen können.

Ein 25jähriger Philosophie-Student, der an Impotenz und vielfältigen Symptomen einer schweren Zwangsneurose leidet (Stottern, Waschzwang usw.), schreibt zahlreiche Erinnerungen an den tyrannischen Vater im Rahmen seiner Selbstanalyse auf:

> „... Manchmal hatte ich das Gefühl, es bereite meinem Vater unbewußt Vergnügen, mich in meiner Ungeschicklichkeit und Verkrampftheit auch noch intellektuell fertigzumachen. Ich wurde immer ungeschickter und gehemmter – eine Entwicklung, die sich auch in meiner Klasse ähnlich fortsetzte ... Das hinderte ihn jedoch nicht, mich weiterhin zu demütigen, mehr noch, in seinem väterlichen Wohlwollen gab er mir noch den Rat, ich solle am besten gar nichts mehr sagen, wenn ich meiner Meinung nicht absolut sicher sei. Wohlmeinend fügte er hinzu, ich solle mich doch nicht unnötig ihm gegenüber verkrampfen, sondern lieber ganz einfach alles tun, was er mir sage. Er hielt es für eine pädagogisch und psychologisch äußerst weise Haltung" (L.-Nr. 3898).

„Götterdämmerung"

Voraussetzung für eine gesunde Entwicklung ist eine vertrauensvolle Harmonie zwischen Eltern und Kindern während der gesamten Dauer der sogenannten Schulkindheit, das ist im entwicklungs-biologischen Sinn die Zeit bis zu 10½ Jahren beim Mädchen, bis zu 13 Jahren beim Jungen. Das erwachende kritische Denken in der folgenden, sogenannten ersten puberalen Phase, läßt ein Kind Abstand gewinnen und den eigenen Willen, aber auch selbständige Ansichten reifen, die nicht selten im Unterschied oder gar im Gegensatz zur Haltung der Eltern stehen. In jedem Fall bedeutet es für ein Kind eine schwere, oft kaum tragbare Belastung, wenn das natürliche Bild der Eltern als vollkommene, gottähnliche Wesen zerstört wird. Früher oder später entdecken alle Kinder bei ihren Eltern menschliche Schwächen, Unvollkommenheiten oder gar ein offensichtlich verfehltes, schuldhaftes Verhalten. Selten aber sind Kinder vor der erwähnten Pubertätszeit imstande, solche Erlebnisse einer „Götterdämmerung" zu verkraften. Sie wirken als schwere seelische Verletzungen um so nachhaltiger und negativer auf das Kind ein, je früher elterliches Fehlverhalten die begrenzte Tragfähigkeit belastet und je häufiger oder dauernder es die Kinder beeinträchtigt.

In der Oberstufe des autogenen Trainings wie in hypnotischer Behandlung hat sich eine Übung der Bilderschau stärker bewährt als alle anderen: es ist die Vorstellung oder bildhafte Erfahrung eines Weges auf dem Meeresgrund, bei dem die Mehrzahl der Übenden einer Hexe begegnet. In diesem verbreiteten Symbol – C. G. JUNG würde vom kollektiven Unbewußten sprechen – sind alle negativen unverarbeiteten Erfahrungen mit der Mutter verdichtet, die einst verdrängt wurden. Bei dem Streben, diese Erlebnisse nachträglich analytisch zu verarbeiten, zeigt sich die Bedeutung der Harmonie mit den Eltern für die Entwicklung des Kindes.

Weniger auffällig vollzieht sich meist die Auseinandersetzung mit dem Vater. Eine einheitliche Symbolfigur als Träger der Erinnerungen konnten wir nicht entdecken; doch haben schon manche Patienten und gesunde Versuchspersonen ähnliche Erfahrungen gesammelt wie jener 40jährige Jurist, der wochenlang bei seinen wiederholten Wegen auf dem Meeresgrund einen schweren Koffer als untragbare Last mit sich herumschleppen mußte. Als es ihm nach stundenlangen Bemühungen endlich gelang, den mit festen Bandeisen verschlossenen Koffer zu öffnen, fand er darin – die Leiche seines Vaters. Erst nach einer intensiven Auseinandersetzung mit ihm in Gedanken und Erinnerungen gelang es dem Sohn, symbolisch, den Vater zu begraben und seinen Weg – auch in der Wirklichkeit – erleichtert fortzusetzen.

In der Selbstanalyse – auch bei Gesunden – gehört die Klärung der vielfältigen Kindheitserlebnisse mit den Eltern also zu den wichtigsten und fruchtbarsten Aufgaben.

Mütter, besonders überfürsorgliche und kranke

Am relativ häufigsten kommen körperliche und seelische *Mißhandlungen* von Kindern vor, wenn die Väter trinken. Lebenslang ist dann die Erinnerung an den Vater durch das Bild des tobenden, sinnlos und wild um sich schlagenden Tyrannen belastet, und mehrfach haben uns noch Erwachsene von den unauslöschlichen Ängsten berichtet, wenn der Vater in betrunkenem Zustand die Mutter angriff oder gar eine oder mehrere Töchter zum Inzest zwang. Solche Berichte, im Fachschrifttum und gelegentlich sogar in der Tagespresse sind so verbreitet, daß wir hier auf weitere Beispiele verzichten. Weniger häufig zu beobachten, aber ähnlich verletzend wirkt der negative Eindruck einer Mutter.

Unerwünschte Kinder

Für jede menschliche Entwicklung bilden die Beziehungen zur Mutter die wichtigste Grundlage. Sie beginnen, so unwahrscheinlich das klingen mag, längst vor der Geburt. Ein unerwünschtes Kind, und dazu zählen keineswegs die un- und vorehelichen, leidet oft lebenslang unter der erspürten oder gar ausgesprochenen inneren Ablehnung: „Wenn Du doch nie geboren wärst!" „Du hast meine Lebensaussichten zerstört."

„Kinder sind überhaupt etwas Ekelhaftes!" (L.-Nr. 2014).

„Ich bin mein Leben lang das Gefühl nicht losgeworden, daß meine Mutter mich nicht wirklich angenommen hat" (L.-Nr. 6424).

Wenn gar auf religiösem Gebiet Schuldgefühle und Gewissensbelastungen mit der Empfängnis des unerwünschten Kindes verbunden sind, so bedeutet bereits die Tatsache, das Vorhandensein des Kindes, eine ständige bewußte oder unbewußte Erinnerung an die eigene „Sünde". Nur allzu häufig geht der Wunsch – auch im späteren Leben der Kinder – nicht minder verdrängt als die Schuldgefühle selbst: „Am besten wäre es, das Kind wäre nicht da." Je heftiger dann solche hartnäckig und tief verdrängten Todeswünsche, wie Freud gezeigt hat, aus dem Bewußtsein verbannt werden, um so stärker treten nach außen hin Obhut und übertriebene Fürsorge in Erscheinung.

Überfürsorgliche Mütter

Wo echte Mutterliebe in warmer Zuwendung die natürlichen Mutterpflichten sorgfältig und bedachtsam erfüllt, da überschüttet neurotische Überfürsorge die ängstlich bewachten „Kleinen" mit übertriebener Zärtlichkeit, verfolgt jeden Schritt, der sie aus der abschirmenden Enge zu eigenen Entdeckungen führen könnte, mit sorgenvollem Klagen und einem endlosen Katalog von Ermahnungen: „Paß nur gut auf, daß du nicht ... und sieh dich ja vor ... es könnte doch ..."

Vor allem gegen drohende oder gar ausgebrochene Erkrankungen richtet sich eine Vielzahl von Vorbeugungsmaßnahmen und meist recht fragwürdigen Verboten. Die vermeintlichen „Erkältungskrankheiten", das sind Infektionen, die nach neueren Untersuchungen mit Kälteeinwirkung wahrscheinlich nichts zu tun haben, sollen durch Schals, Mützen, warme Unterwäsche usw. abgewehrt werden, obwohl entgegengesetzte, abhärtende Maßnahmen die Infektionsbereitschaft sicher wirksamer vermindern.

Allgemein bekannt sind die seelischen und körperlichen Leiden, die sich aus mangelnder mütterlicher Liebe ergeben. Mindestens ebenso schwere Schäden aber sahen wir entstehen, wenn überfürsorgliche Verwöhnung und Verweichlichung den Grund für spätere Neurosen und, wie SCHULTZ mehrfach betonte, Suchtkrankheiten legte.

Ein 18jähriger Abiturient empfand die unablässige klagende Bevormundung durch seine Mutter als unerträglich. Sie selbst brachte ihn mit schwer eindämmbarem Redeschwall zu unserer Ärztlichen Lebensmüdenbetreuung:

> „Denken Sie nur, Herr Doktor, das arme Kind, nun leidet er schon seit einem Jahr an einer Zuckerkrankheit, muß jeden Tag seine Insulinspritze bekommen und hat einen genauen Diätplan. Jedes Gramm, das er zu essen bekommt, wird vorher auf der Briefwaage abgewogen und genau mit dem Plan verglichen, aber was soll ich Ihnen sagen, wenn ich ihn nur einen Augenblick aus den Augen lasse, ißt er sofort irgend etwas aus dem Kühlschrank; in seiner Schulmappe finde ich Süßigkeiten, die er sich heimlich kauft, obwohl er genau weiß, daß das Gift ist für ihn. Er bringt sich um und mich dazu. . . .“
>
> Das „Kind“ wurde nach drei persönlichen Besprechungen zu je einem Kursus für Selbstanalyse und für autogenes Training eingeladen. Als begabter Zeichner schmückte er seine Affektausbrüche gegen die Mutter, „das fette Schwein“, mit Karikaturen, mit denen er seinen heftigen Aggressionen bildhaften Ausdruck verlieh (vgl. S. 28 ff.). Mit seinen absichtlichen Diätfehlern wollte er die verhaßte Mutter an ihrer empfindlichsten Stelle treffen, obwohl er die Gefahr durchaus erkannte. (Mehrfach war er bewußtlos zusammengebrochen und mußte ins Krankenhaus gebracht werden.)
>
> Mit langem befreienden Schimpfen (ähnlich den Beispielen auf S. 30 f.), mit einigen ungewöhnlichen fürsorgerischen Maßnahmen (eine Mitarbeiterin unserer Lebensmüdenbetreuung nahm ihn zur Zeit besonderer Gefährdung und Aggression in ihre Familie in Pension) und mit der Oberstufe des autogenen Trainings gelang es schließlich, ihn bis über die Zeit der Reifeprüfung zu begleiten, bis er an einer westdeutschen Universität studierte.
>
> Ein Satz aus seiner Selbstanalyse aber gibt den Schlüssel für das Verhalten seiner Mutter. „Vor allem aber liegt mir die Alte ständig in den Ohren, daß ich mich ja mit keinem Mädchen einlassen soll, wie schnell könnte da ein Kind kommen. Dabei ist sie bloß eifersüchtig, und außerdem weiß ich aus unserem Familienstammbuch, daß ich selbst fünf Monate zu früh gekommen bin“ (L.-Nr. 10836).

Eine geisteskranke Mutter

Bei einer 31jährigen selbstmordgefährdeten Patientin, einer Büroangestellten, übertrafen die Drohungen ihrer *geisteskranken Mutter* in der Erinnerung noch das Wüten des *alkoholkranken Vaters,* der seinen Bauernhof durch Trunksucht ruiniert hatte.

Die Patientin schreibt über die schwersten Tage ihrer Kindheit:

> „... Eines Abends, ich war etwa 10 Jahre, fanden wir unsere Haustür verschlossen, alles blieb ganz still und tot. Wir verkrochen uns in der Verandaecke, bis Vater von seiner Arbeit kam. Er brach die Tür auf. Unsere Mutter lag reglos im Bett und erwiderte unsere Begrüßungen nicht... In der Nacht hörten wir einen sehr heftigen Wortwechsel zwischen unseren Eltern und dann lautes Weinen von unserer Mutter... Ich wollte ihr zu Hilfe eilen, doch die Schlafzimmertür war verriegelt. Auf mein Rufen kam Vater an die Tür und fertigte mich sehr barsch ab. Am nächsten Morgen war Vater schon weg, und Mutter bekamen wir nicht zu Gesicht... Vater brach abermals die Tür auf, und Mutter lag wieder teilnahmslos im Bett. Kein Essen war fertig, kein Bett gemacht... Wieder wachten wir in dieser Nacht durch lautes Streiten auf. Ich traute mich aber nicht mehr zu fragen, sondern blieb wie erstarrt vor Angst steif in meinem Bett liegen. Plötzlich hörte ich Mutter sagen, sie mache uns und sich eines Tages alle kalt, und dann wären alle Sorgen erledigt...
>
> Eines Abends, als wir gerade in Sichtweite unseres Hauses kamen, schoß jemand von dort auf uns. Wir gingen erschrocken in Deckung und schlichen uns auf Umwegen nach Hause. Was ich da erblickte, brachte mich um den letzten Rest meiner Fassung. Meine Mutter stand mit vollkommen verzerrtem Gesicht im Nachthemd am Fenster, das Gewehr im Anschlag. Sofort fielen mir die nächtlichen Worte vom „Kaltmachen" ein, und ich konnte mich vor lauter Angst nicht mehr rühren... Im gleichen Moment krachte es wieder in unsere Richtung... Zum Glück erreichten wir dann doch heil unser Zimmer, wo wir uns einschlossen und zusätzlich mit dem Schrank verbarrikadierten...
>
> Im Dorf tratschten sie bereits über Vaters Trunksucht. Über den Grund waren sie gottlob noch nicht orientiert, und keiner von uns hätte einen Ton über die Lippen gebracht... Öfter trieben wir uns jetzt bis zur Dunkelheit herum, um sicherer nach Hause zu kommen... So lebten wir fast ein halbes Jahr in Angst und Schrecken, und keiner wußte davon. Erst als meine Mutter einen hausierenden Mann beinahe erschoß, wurde es im Dorf ruchbar... Von da an brauchten wir

für den Spott nicht mehr zu sorgen... Als Mutter nach mehr als einem Jahr endlich in die Nervenheilanstalt in ... kam, konnte Vater das Trinken nicht mehr lassen...
Unsere Tante erzog oder besser gesagt drillte uns nun, was unseren Trotz herausforderte ... Sie sagte, wir würden genauso enden wie unsere Mutter, da könne man eben nichts machen, das wäre in uns drinnen. Von da an war ich äußerlich das bravste Kind, ich unterdrückte sämtliche Regungen und Gefühlsanwandlungen und gehorchte aufs Wort, nur um nicht wieder mit meiner Mutter in einen Topf geworfen zu werden ... " (L.-Nr. 6433).

Wen kann es noch wundern, wenn das Grauen solcher Bilder sich unauslöschlich einem Kinde einprägt und später noch bei jedem Anblick eines Geisteskranken, (im Kriege) bei jedem Knall oder Lärm eines Schusses ein solches Mädchen heillos fliehen und Schutz suchen läßt. Zweimal suchte sie vergeblich, sich in einer Ehe zu bergen, aber die ungebildeten Männer verstanden ihre Angst nicht, sondern vermehrten sie noch durch ihre (primitivsexuellen) Angriffe. Erst nach zwei Jahren der Selbstanalyse fühlt sie sich innerlich frei und vermag erstmals dem Leben auch Freude abzugewinnen.

Beispiel der Selbstanalyse einer Auseinandersetzung mit den Eltern

Eine 18jährige Primanerin aus einer westdeutschen Großstadt wird von ihrem Pfarrer (nach einem Selbstmordversuch mit 25 Schlaftabletten) geschickt. Das Mädchen ist 1,59 groß und wiegt 89 kg. Mit diesem Übergewicht hängt eine Vielzahl ihrer weiteren Probleme zusammen, von denen sie nach einer Anleitung zur Selbstanalyse schreibt:

Kindheit und Jugend

„Meine Eltern erzählten mir, daß ich als Kleinkind nie richtig gegessen hätte. Bananen und Schokolade hätte ich sogar wieder ausgespuckt. Meine Tuberkulose, die mit sechs Jahren begann, führten sie darauf zurück. Es war eine Haut- und Lymphdrüsentuberkulose, von der ich die Narbe am Hals behalten habe. Zwei Jahre mußte ich im Krankenhaus zubringen, dann kam ich nach Westerland, wo ich noch ein Jahr zubringen mußte. Dort muß ich wohl sehr gemästet worden sein, denn als ich mit 8 Jahren in die 2. Klasse eingeschult wurde, war ich vielleicht nicht direkt fett, aber doch immerhin dicker als die anderen Kinder. Jedenfalls wurde ich deshalb manchmal gehänselt. Das hat mir auch schon früher sehr viel ausgemacht .
Mein ganzes Leben lang hatte ich Tiere sehr gern gehabt. Meine Puppen hatte ich manchmal gehaßt, meine Tiere aber abgöttisch geliebt, besonders Pferde. So setzte ich es dann endlich nach langem

Kampf bei meinen Eltern durch, daß ich – damals 14 Jahre – zu einem Reitkurs ins Allgäu fahren durfte. Aber auch dort bin ich wegen meiner Fülle geärgert worden. Nun hatte ich es satt. Ich begann zu hungern. Mit 15 Jahren hatte ich es dann geschafft. Ich wog bei einer Größe von 1,58 cm genau 50 kg. In jenem Sommer fuhren wir nach Italien. Ich weiß nicht, ob das wichtig ist, jedenfalls hatte ich dort meine ersten Liebeserlebnisse, allerdings mehr auf platonischer als auf erotischer Basis. Ich sah mich bestätigt. Ich merkte, daß ich den Männern gefiel, wohingegen ich früher wegen meines Aussehens bestimmt nicht bewundert wurde. Ich war sehr glücklich. Ich hatte alles, was ich brauchte, Liebe, Freunde, Pferde usw.

Schule und „erste Liebe"

Auch in der Schule klappte alles. Ich gehörte immer zu den Besten meiner Klasse. Mit meinen Eltern verstand ich mich ebenfalls sehr gut. Dieses damals sehr glückliche Leben gab mir die Kraft, mein Gewicht zu halten. Denn während meines ½jährigen Hungerns war meine Freude am Essen erst richtig erwacht. Gern gegessen hatte ich eigentlich schon immer, ich aß ganz normal. Aber in dieser Zeit, als ich auf alles verzichten mußte, da merkte ich, wie schön essen doch sein kann. Ich versuchte, mich ganz langsam wieder an normales Essen zu gewöhnen, aber ich nahm schlagartig zu. Da verlor ich den Mut. Dazu kam, daß ich mein langes Haar abschneiden ließ – warum, weiß ich selbst nicht – und es zudem noch selbst verschnitt, so daß ich wirklich grauenvoll aussah. Bei mir schlug nun alles ins andere Extrem um. Hatte ich früher gehungert, so fraß ich mich jetzt voll.

Liebeskummer und „Freßsucht"

Dann wollte ich einmal für eine Englandreise wieder gut aussehen. Und es gelang mir. Ich verlebte dort sehr glückliche Wochen. Ich hatte dort zwei Freunde, einen Deutschen und einen Spanier. Aber den Mann, den ich richtig liebte, bekam ich nicht. Wir gingen zwar zusammen aus, aber es wurde nichts. Zum ersten Mal hatte ich großen Liebeskummer. Da griff ich dann, als ich nach Haus kam, zum Essen. Ich war noch eine Woche in unserer Wohnung allein – meine Eltern waren noch verreist – und ich hatte noch DM 120,— übrig. Das verfraß ich schnell. Bald war ich genauso dick wie früher. Auch das Reiten mußte ich jetzt aufgeben. Das war sehr schwer für mich. Aber ein dicker Mensch zu Pferde wirkt einfach lächerlich.

So ging es dann 'rauf und 'runter mit mir. Mal war ich dünn, aber die meiste Zeit war ich dick. Es war furchtbar für mich. Ich wurde menschenscheu und schloß mich von meiner Umwelt ab. Mit 18 begann eigentlich mein seelischer Verfall erst. Auch früher gab es schon entsetzliche Szenen zu Hause. Meine Eltern wußten, daß ich wegen meines Aussehens sehr unglücklich war, und sie versuchten, mir zu helfen. Aber sie konnten sich nicht in mich hineinversetzen, und sie wußten nicht im geringsten, wie es in meiner Seele aussah. Ich versuchte, es ihnen zu erklären, aber sie verstanden es nicht, sondern sie redeten immer nur: ‚Du bist ganz gesund, du hast überhaupt keinen Grund, unglücklich zu sein. Wenn Du zu dick bist, dann hungere gefälligst.' Das hat mich fast wahnsinnig gemacht. Sonst waren meine Eltern großzügig, aufgeschlossen und modern eingestellt, was Liebe und langes Ausgehen angeht. Aber das konnte ich ja gar nicht ausnutzen.

Jetzt wurde alles viel schlimmer. Meine Fresserei war in eine regelrechte Sucht ausgeartet. Genauso wie ein Alkoholiker dem Trinken verfallen ist, so war ich dem Essen verfallen. Meine Eltern schlossen die Küche ab. Leider nützte das nicht viel. Nachts holte ich den Schlüssel aus ihrem Schlafzimmer, brach in die Küche ein und fraß, was in mich 'reinging. Die Schokoladenvorräte meiner Eltern wurden alle, es gab einen Riesenkrach, in jeder Woche mindestens einmal. Ich fürchte, das ganze Haus hat das mitbekommen. Mein Vater schlug mich dann, da er unbeherrscht und jähzornig ist. Ich lief auch recht verloddert rum, denn wer dick ist, kann anziehen, was er will, gut sieht er nie aus. Ich war immer so traurig, unglücklich und unzufrieden, da war mir sowieso alles egal. Meine Eltern achteten immer nur auf das Äußere, was die Nachbarn sagen und wie es in der Schule ging. Um meine Seelenqualen kümmerte sich niemand.

Schließlich stahl ich sogar in Geschäften Süßigkeiten. Ich hatte nicht einmal ein schlechtes Gewissen. Ich begann dann, meinen Eltern Geld zu stehlen. Diese Sucht nahm einfach überhand. Ich wurde damit nicht mehr fertig. Dann verdiente ich mir selbst in Fabriken Geld. Ich wundere mich, daß ich das durchgehalten habe, dieses ewige frühe Aufstehen usw. Ich war doch sonst so willensschwach und labil. 300 DM habe ich damals bestimmt verfressen. Es war einfach furchtbar. Auch mein seelischer Zustand wurde immer schlimmer.

Ein paar Tage ging es manchmal gut, ich aß wenig. Dann faßte ich immer Mut. Ich hoffte wieder. Aber dann überkam mich ein unbeschreiblicher Heißhunger. Es war, als würde ich verrückt. Ich hielt das nicht mehr aus. Ich stürzte mich auf das Essen wie eine Verhungerte. Und wenn ich voll und mir so richtig schlecht war, dann kamen diese grauenvollen Depressionen.

Depressionen und „Mordgelüste“

Alle meine Hoffnungen waren von mir gewichen. Mein Leben war zerschlagen. Ich stand wieder am Anfang meiner Mühen. Alles war umsonst gewesen, so daß ich nur noch sterben wollte. Hätte ich Schlaftabletten gehabt, ich hätt's getan. Ich war so verzweifelt, daß ich mit dem Kopf gegen die Tür gerannt bin. Dann bin ich halb ohnmächtig zusammengebrochen. Ein anderes Mal versuchte ich, mir mit einem Briefbeschwerer den Schädel zu zertrümmern. Aber der Schmerz war schon nach dem zweiten Schlag so groß, daß ich nicht mehr konnte. Ich hab mich dann wegen meiner Feigheit gehaßt.
Manchmal habe ich auch Gott wegen meines Unglücks verflucht. Ich war eigentlich immer gläubig gewesen im Gegensatz zu vielen anderen jungen Menschen. Zwar bin ich sehr selten zur Kirche gegangen, da ich es einfach nicht vergessen kann, was für furchtbare Verbrechen die Kirche zur Zeit der Inquisition im Namen Gottes begangen hat. Solche grausamen, entmenschten Kreaturen könnte ich mit Vergnügen umbringen. Überhaupt befallen mich öfters solche *Mordgelüste.* Wenn ich z. B. über diese bestialischen Robbentötungen lese, dann wünschte ich, ich könnte einen Menschen ebenso quälen oder wenigstens umbringen. Dies Gefühl muß einfach herrlich sein.
Manchmal habe ich soviel gefressen, daß ich mich die ganze Nacht vor Qualen im Bett gewunden habe, solche Magenschmerzen hatte ich. Als ich es einmal nicht mehr aushalten konnte, bin ich ins Schlafzimmer meiner Eltern gegangen und habe sie um Schmerztabletten gebeten. Was dann kam, werde ich nie vergessen. Das war reine Brutalität. Statt mir zu helfen, haben sie mich mitten in der Nacht angeschrien, was ich denn soviel fressen muß, sie haben mich geschlagen, roh von einer Ecke in die andere gestoßen, obwohl ich doch solche Schmerzen hatte. Meine Mutter brüllte, ich sähe aus wie ein fettes Schwein usw. Am nächsten Morgen – ich konnte nachts keine Minute schlafen – mußte ich in die Schule gehen. Dieses Leben ist einfach die Hölle für mich. Die jahrelangen Demütigungen haben mich mit der Zeit zermürbt. Ich fühle keine Kraft und keine Energie mehr in mir. Manchmal habe ich Hoffnung und Sehnsucht nach einem schönen glücklichen Leben, wie es doch allen aus meiner Schule und meinen Bekannten vergönnt ist. Ich sehne mich in die Ferne, weg von hier.

Selbstmordneigung und Aggressionen

Gegen solche Qualen ist der Tod die reinste Erlösung. Und ich bin sehr sensibel. Nie wieder will ich so etwas ertragen, nie! Schon allein der Schulweg ist mir so peinlich, daß ich am liebsten in den Boden sinken möchte. Lacht jemand hinter mir, so denke ich sofort, über mich. O, wie ich die Menschen dann alle hasse! Ich will sie töten, die Lehrer, die mich quälen, die Schüler, die mich verachten, mich mitleidig belächeln. Diese Gefühle sind einfach aufreibend. Ich rege mich da entsetzlich auf. Oft denke ich an Selbstmord. Ich stelle mir dann die Wirkung sehr bildlich vor, wie meine Eltern bereuen werden, was sie getan haben, was die anderen Bekannten sagen werden: daß es so schlimm mit ihr ist, hätten wir nie gedacht. Bei diesen Gedanken werde ich ruhiger. Ich bin direkt glücklich, ein jedoch sehr trauriges Glück.

Meine Eltern nehmen meine seelische Krankheit auf die leichte Schulter. Dies mag vielleicht die Ursache für mein jetziges Benehmen sein. Ich tue jetzt so, als wäre ich wirklich verrückt. Ich bin bestimmt von Natur aus kein schlechter Mensch, aber jetzt bereitet es mir fast höllisches Vergnügen, meine Mutter zu ärgern. Ich gebe ihr jetzt auch einen Teil der Schuld an meinem Leben, das ich führen muß. Sie als Frau hätte wissen müssen, daß es für ein junges Mädchen nichts Schlimmeres gibt, als dick zu sein. Eine Mutter kann darauf achten, daß ihr Kind nicht zu dick wird, zumal ich früher ja bestimmt kein Vielfraß gewesen bin. Wäre ich schon mit 10/11 Jahren so gewesen, wie andere Kinder, dann wäre das nie passiert, dann wären mir drei Jahre „Kerker“ erspart geblieben.

Meine Mutter macht mich manchmal einfach wahnsinnig. Wenn sie redet, fange ich einfach an zu schreien. Ich habe mich in diese Geschichte zu sehr hineingesteigert. Früher hatte ich auch manchmal solche Anfälle gehabt, dann bin ich immer geschlagen worden. Jetzt werde ich nicht mehr geschlagen, wahrscheinlich, weil meine Eltern eingesehen haben, daß ich krank bin. Ich glaube, meine Mutter gehört ebenso wie ich zum Psychotherapeuten. Ich hasse meine Mutter bestimmt nicht, aber es hat sich bei mir einfach eine zu große, hochgezüchtete Antipathie gegen sie gebildet.

Ich habe jetzt ziemlich viel geschrieben, viel mehr, als ich wollte. Aber es ist einfach über mich gekommen. Ich mußte einfach alles niederschreiben. Alles was ich geschrieben habe, habe ich wirklich so gefühlt. Es mag vielleicht manchmal übertrieben klingen, aber es ist die Wahrheit!“

Diagnose und Therapieplan

Nach einer Anleitung zur Selbstanalyse brachte die Patientin eine Woche später den vorstehenden Bericht mit. Inzwischen hatte ein Facharzt für *innere Medizin* sie untersucht und den Befund mitgeschickt, sie wäre organisch bis auf eine Adipositas (Fettsucht) und eine damit im Zusammenhang stehende, etwas vergrößerte Leber ohne nennenswerte krankhafte Befunde, insbesondere ließen sich keine Schäden durch Störungen von dem System der endokrinen Drüsen feststellen, zur Heilung kämen ausschließlich psychotherapeutische Maßnahmen in Frage.

Die *psychiatrische* Untersuchung ergab eine mindestens mittelschwere, vorwiegend agitierte, neurotische Depression. Als Verordnung kam eine Kur mit Limbatril® in Frage, das während der nächsten sechs Tage auf eine Dosis von 90 mg gesteigert wurde. In den folgenden vier Wochen ließ sich eine deutliche Aufhellung feststellen.

Ein Attest befreite sie von der Schule, gleichzeitig wurde ein Briefwechsel mit Klassenkameradinnen so organisiert, daß sie intensiv in Berlin den Stoff der Schule fortlaufend durcharbeiten konnte.

Behandlungsverlauf und ergänzende Seelsorge

Überraschend schnell lernte sie auch das autogene Training, das schon nach zwei Wochen mit der Formel schloß:

„ich bin ganz ruhig, zufrieden und satt".

Damit gelang es ihr, einen ganz wesentlichen Teil der Eßsucht einzudämmen. Vor allem aber arbeiteten wir psychotherapeutisch ihre Lebensgeschichte durch, in der sie anschaulich den kindlichen Liebesmangel mit den „kaptativen" Tendenzen (SCHULTZ-HENCKE) schilderte. Sie erkannte ihre Eßsucht als Ausdruck eines Liebesmangels und zugleich die Neigung, sich selbst zu bestrafen: „Es ist meiner Mutter ganz recht, wenn ich so dick bin, warum hat sie mir nicht mehr Verständnis und Liebe zuteil werden lassen".

Sie äußerte sich gegen die Mutter in den Besprechungen noch wesentlich aggressiver und feindseliger als in ihrer Selbstanalyse.

Völliges Verarbeiten dieser Aggressionen in so kurzer Zeit stand nicht zu erwarten; die Einsicht jedoch, daß sie eigentlich mit dem Haß ihre Mutter, nicht aber sich selbst zerstören wollte, befreite sie auch von den Selbstmordneigungen.

Eine Stunde der Seelsorge (vgl. S. 132 ff.) ergänzte die Psychotherapie. Das Mädchen war an der Liebe Gottes verzweifelt, erkannte aber als wesentlich im Neuen Testament:

Gott hat mich angenommen in Jesus Christus.

So zog sie die Schlußfolgerung daraus: „Auch ich kann mich selbst annehmen und bejahen, sogar mit dem körperlichen Übergewicht".

Nachdem sie Frieden mit Gott gefunden hatte, fand sie auch Frieden mit sich selbst und sah sich nicht mehr dem Zwang zu selbstzerstörerischen Neigungen – auch nicht durch zu viel Essen – ausgesetzt.

Nach vier Stunden nahm sie in das autogene Training die Formel mit auf:

„Essen ist ganz gleichgültig".

In einem weiteren Gespräch konnte der Mutter das Verhalten der Tochter so weit erklärt und einsichtig gemacht werden, daß sie von harten oder gar strafenden Maßnahmen absah und mit dem Verständnis für ihre Tochter sich auch gütiger verhielt.

Das Mädchen freilich erhielt den Rat, zu Hause das Verarbeiten ihrer Aggressionen gegen die Mutter fortzusetzen und alles aufzuschreiben, was sie an Erregungen gegen die Mutter empfände, auch – und gerade – so weit es sich um ihre Neigung handelte, die Mutter mit erheblichen Kraftausdrücken zu beschimpfen.

Während der vier Wochen, die Mutter und Tochter in Berlin blieben, nahm das Mädchen 5 kg ab, doch ist ein Urteil erst nach einem noch ausstehenden Urteil aus der Bundesrepublik möglich.

Sicherlich aber stellte die Selbstanalyse mit den relativ wenigen (insgesamt sieben) klärenden Besprechungen den bisher im Leben des Mädchens wichtigsten Einschnitt zu einer Änderung ihres Gesamtverhaltens wie vor allem ihres Krankheitszustandes dar (L.-Nr. 12092).

Sexuelle Entwicklung und Geschwister

Wer seine frühesten Erinnerungen und alle belastenden Erfahrungen mit den Eltern niederschreibt und darüber nachsinnt, findet in Kindheit und Jugend Ansatzpunkte, die ihn seine Entwicklung, seine seelischen und gelegentlich auch körperlichen Krankheiten verstehen lassen. Leider bringt eine solche vertiefte Einsicht in den Ursprung die seelisch bedingten Störungen nur selten zum Verschwinden (vgl. S. 17 f.); wohl aber erweisen sich die überraschenden Erkenntnisse in das Wesen und die Bedeutung der Kindheitserlebnisse oft als erster und wichtigster Schritt auf dem langen, mühsamen Weg, mit freien Einfällen und Übertragung zu einer Selbstfindung und -heilung zu gelangen.

Fast bei sämtlichen 400 Patienten, die wir durch psychoanalytische Therapie genauer kennenlernten, spielten Konflikte mit den Eltern in der Lebens- und Krankheitsgeschichte eine wesentliche Rolle; nur bei 5% bedurften auch Schwierigkeiten mit den Geschwistern einer analytischen Klärung. Diese relative Seltenheit darf jedoch die hohe Bedeutung dieser Frage nicht übersehen lassen.

Das älteste und das jüngste Kind

Forschungen Zellers

Gewiß ist das Einzelkind ohnehin erheblich benachteiligt gegenüber den Altersgenossen, die im Kreis von Geschwistern nicht nur lernen, sich anzupassen, sondern auch Erlebnisse zu besprechen, Affekte abzureagieren und Aggressionen zu äußern. Auch sogenannte relative Einzelkinder, deren Geschwister mehr als etwa fünf Jahre älter oder jünger sind, müssen ohne den notwendigen, ständigen Austausch mit Spielkameraden aufwachsen. Spätere Kontaktschwierigkeiten und Hemmungen, dem eigenen und vor allem dem anderen Geschlecht gegenüber, finden nicht selten ihre Wurzel in der mangelnden kindlichen Übung, sich anderen anzuschließen.

Die bisher wohl umfassendsten wissenschaftlichen Untersuchungen über das Verhältnis der Geschwister zueinander sind in dem noch unveröffentlichten Nachlaß von Wilfried Zeller enthalten unter dem Titel „Der älteste und der jüngste Sohn". Der Charakter der ältesten Kinder wird durch eine Reihe von Erfahrungen geprägt: die Eltern sind relativ jung, unerfahren, gründlich und streng. Die Ältesten wachsen alle eine Zeitlang als bevorzugte Einzelkinder auf, müssen aber dann die Zeit, die Liebe und Fürsorge der Eltern teilen lernen mit einem und später gar mehreren Geschwistern, die in der Regel mehr als unerwünschte Nebenbuhler denn als willkommene Spielgefährten angesehen werden.

Die jüngsten Kinder hingegen werden von den inzwischen erfahrenen, großzügigeren Eltern eher verwöhnt, sie lernen ihr Wissen und ihre Verhaltensweisen spielend und selbstverständlich von den älteren Geschwistern, ohne sich mühsam eigene Erkenntnisse sammeln zu müssen. Dementsprechend pflegen wesentlich mehr älteste – als jüngste Kinder unter ernsten neurotischen Erkrankungen zu leiden und in Selbstmordgefahr zu geraten. Solche Charaktereigenarten reichen bis hinein in die Probleme von Begabung und Berufswahl, und Wilfried und Lore Zeller haben an vielen hundert Biographien in einer noch unveröffentlichten Arbeit nachgewiesen, daß nicht zufällig die erdrückende Mehrzahl aller berühmten Maler älteste Söhne waren – auch in ihrer künstlerischen Tätigkeit auf ihr Innenleben und ihr Auge angewiesen, während der weit überwiegende Teil aller hervorragenden Musiker jüngste Kinder waren – auf ihre Ohren und die lebendige Harmonie schon in ihrer frühesten Kindheit eingestellt[14].

[14] Vgl. zu diesem Thema auch Weiser (1971).

Der „Kainskomplex"

Der Konflikt zwischen Kain und Abel, den JEAN FELBER in einem „Kainskomplex" in der Psychotherapie wiederfindet und dargestellt hat, beschattet noch heute das Leben mancher Patienten. In der Selbstanalyse lohnt daher besonders für älteste Kinder auch im späteren Leben die Frage nach ihren jüngeren Geschwistern.

Eine 52jährige Witwe mit vielfältigen neurotischen Beschwerden (von psychosomatischen Störungen, Magengeschwüren, Gallenleiden bis hin zu Angst und Schlafstörungen) berichtet:

> „Das wichtigste Erlebnis meiner Kindheit war eine schwere Enttäuschung: Als ich 6 Jahre alt war, wurde ich zu Verwandten aufs Land geschickt mit dem Versprechen, bei meiner Rückkehr würde eine besonders schöne Überraschung auf mich warten. Ich durfte auch raten, wie diese geheimnisvolle Überraschung aussehen würde und erhielt auf meine kühnsten Wunschträume immer die gleiche Antwort: ‚Ein großer, bunter Gummiball? Nein, noch etwas viel Schöneres!' ‚Ein hübsches Frühlingskleid mit einem abstehenden, langen Rock und passendem Hut?' ‚Nein, noch viel schöner, aber ganz anders!' ‚Eine große Puppe mit Schlafaugen und richtigen Haaren?' – ‚So ähnlich, aber noch viel schöner!' ‚Kann ich damit spielen?' ‚Ja, aber noch nicht gleich.' Meine Phantasie schraubte sich immer höher.
>
> Als ich nach drei Wochen endlich nach Hause durfte, lag da ein häßliches, rotes, schreiendes und strampelndes Bündel, mit dem ich gar nichts anfangen konnte. Ich habe bitterlich geweint und konnte mich nicht wieder beruhigen. Ich war belogen und betrogen worden. Spielen konnte ich auch nicht mit dem Balg, und als mich meine Mutter viele Jahre später dazu zwingen wollte, wenigstens Hopse mit ihm zu spielen, habe ich mich geweigert und lieber dafür Prügel bezogen."
>
> Eine genauere Rücksprache ergab, daß sie ihren Bruder 30 Jahre hindurch nicht mehr gesehen hatte, obwohl sie in der gleichen Stadt lebte wie er. Die Kindheitsenttäuschung hatte sie nie verarbeiten gelernt (L.-Nr. 11162).

Ein recht häufiger, doch meist sorgfältig verschwiegener Konflikt zwischen Geschwistern sind die Inzestbeziehungen, deren Auswirkungen wir etwa 50mal bei unseren Patienten zu verfolgen hatten (vgl. Beispiele Seite 85). Wer eine Selbstanalyse vornehmen will, tut also insgesamt gut daran, auch die Verbindungen zu den Geschwistern einzubeziehen, die tieferen Hintergründe von Streit oder Meinungsverschiedenheiten zu erwägen und die außerordentlich häufigen geschlechtlichen Spiele und Beziehungen nicht zu verschweigen.

Sexuelle „Aufklärung" und Menarche (erste monatliche Regelblutung)

Erste Wissensvermittlung

Die frühesten geschlechtlichen Eindrücke, fehlende ebenso wie fehlerhafte Vermittlung der notwendigen Kenntnisse und des Vertrauens auf diesem Gebiet sind so verbreitet und wirken sich so verhängnisvoll aus, daß wir diesen Fragen eine besondere Monographie widmen mußten (THOMAS, „Sexualerziehung", 1970 b). Auf die systematische Darstellung in diesem Buch ist ausdrücklich zu verweisen, wenn auf den folgenden Blättern nur wenige ergänzende Beispiele aus dem Text von Selbstanalysen hinzugefügt werden, weil die Bedeutung dieses Fragenkreises nicht hoch genug zu veranschlagen ist.

Als erstes Beispiel folgt der Auszug aus der Selbstanalyse eines 25jährigen impotenten Studenten, den die verfehlte, unzeitgemäße und feierliche Form der „Aufklärung" befremdet hat:

> „... Von unseren Eltern wurden die sexuellen Dinge zu ernst und mit wenig Humor betrachtet. Oft entstand eine gespannte Atmosphäre, wenn geschlechtliche Dinge gesprächsweise berührt wurden. ... Irgendwann in dieser Zeit – ich war etwa 14 Jahre alt – hat unser Vater meinen Bruder und mich ganz unerwartet zu sich geholt, um „über geschlechtliche Dinge zu sprechen". Dabei sagte er uns – wie wir ja sicherlich selber schon bemerkt hätten –, daß der sexuelle Bereich im Leben eine große Rolle spiele. Er erklärte uns den biologischen Vorgang der Entstehung neuen menschlichen Lebens. Er sagte außerdem, daß die Menschen leider auch diesen Bereich zum Gelderwerb benützten und daß man sich davor hüten solle. Schließlich forderte unser Vater uns noch auf, mit allen Fragen, auf diesem Gebiet, jederzeit zu ihm zu kommen.
>
> Die Situation war mir recht peinlich, und ich atmete auf, als wir wieder ‚entlassen' waren ..." (L.-Nr. 6305).

Die Menarche als seelische Verletzung

Immer wieder treffen wir in den Aufzeichnungen zur Selbstanalyse auf erschütternde Berichte der ahnungslosen Mädchen, die ihre erste Periode als schwere seelische Verletzung erfahren und noch nach vielen Jahren angstvoll daran zurückdenken (vgl. unten S. 98).

Kommen gar noch weitere Belastungen, soziale Not, enge Wohnung, Spannungen zu den Eltern und Geschwistern hinzu, so ereignen sich wahre Tragödien, wie die folgende einer 22jährigen medizinisch-technischen Assistentin, die mit den Erscheinungen ernster psychosomatischer Störungen und in Selbstmordgefährdung aufschrieb:

„... Als meine Entwicklung mit 14 Jahren anfing, betrachtete ich mich nie, auch nicht beim Waschen. Der Katholizismus verbietet Unschamhaftigkeit, und ich übertrieb in meiner Zaghaftigkeit, nur keinen Fehler zu begehen, die Befolgung dieses Gebotes maßlos. Damals schliefen wir vier Geschwister in einem Raum. Abends war es immer ein neues Problem, einen unbeobachteten Platz zum Auskleiden zu finden.

Als ich meine Periode bekam, wußte ich nichts darüber, sagte es auch aus Scham niemandem. Da ich kein Geld hatte, behalf ich mich mit Lumpen. Es war eine unsaubere Angelegenheit. Ich haßte mich, meinen ungepflegten Körper und meine zahlreichen Pickel. Ich hatte damals nächtelang Tränen der Verzweiflung vergossen. Wenn ich nur den heißersehnten eigenen Raum gehabt hätte. So jedoch biß ich in wildem Schmerz in die Kissen und wünschte, nicht geboren zu sein. Ich lehnte mich gegen Gott, gegen die Welt und mein Schicksal auf. Bei allem mußte ich mir unwahrscheinlichen Zwang auferlegen, meine Geschwister nichts hören zu lassen, kein Stöhnen oder gar Weinen. So lag ich, völlig verkrampft, stundenlang wach und unterhielt mich mit dem Träumen von wildesten Selbstmordszenen. Ich lag so verkrampft und aufgeregt im Bett, daß ich Herzstiche und Magenschmerzen bekam.

In meiner grenzenlosen inneren Not schrieb ich ein Tagebuch, in dem ich mich wild und leidenschaftlich auswütete. Es waren darin auch Ungerechtigkeiten gegen meine Geschwister aufgeführt, im Affekt geschrieben. Meine Schwester las alles und benützte es als Beweismaterial gegen mich bei meiner Mutter. Ich war verletzt wie noch nie. Die ganze Nacht lag ich wach, die gehaßte Schwester fast in Körpernähe auf der gleichen Doppelbettcouch. Wieder wagte ich nicht, mich auszuweinen. In dieser Nacht zeigte sich die schon lange vorbereitete Magenneurose in voller Stärke. Mein Magen knurrte sehr vernehmlich einige Stunden lang ..." (L.-Nr. 5890).

Onanie und sexuelle Spiele

Onanieskrupel

Die Schwierigkeiten und Ängste durch Onanieskrupel bei den Jungen stehen den Ängsten der Menarche bei den Mädchen in keiner Weise nach. Bei beiden Geschlechtern sind mit Abstand am zahlreichsten Kinder unter der Einwirkung „ekklesiogen-neurotisierender" Erziehung betroffen.

Für alle diese Erlebnisse stellt die Selbstanalyse oft den ersten und wichtigsten Schritt für das innere Verarbeiten und das Erlebnis der Freiheit und Genesung dar.

Das war auch die Erfahrung eines 56jährigen Angestellten, dessen vielfältige Angstzustände und Zwangshandlungen er selbst zurückführt auf seine Jugendkonflikte, die er in die folgenden Worte kleidet:

„... Bekanntlich untersuchen fast alle Jungen ihren Körper während der Pubertät und spielen damit herum. Doch ich wußte das damals nicht und hielt mein Tun stets für eine große Sünde. Die Ursache dazu lag zweifellos in der ehemaligen Ermahnung meiner Mutter und darin, daß wir von meinem Großvater ein fast 100 Jahre altes Konversationslexikon geerbt hatten. Schuljungen stöbern ja darin gern herum, und so sagte mir mal ein Mitschüler, was ich lesen solle (Pubertät, Onanie usw.). In diesem alten Lexikon wurden hierüber nun fürchterliche Sachen ausgeführt, daß man durch Onanie rückenmarksleidend, geisteskrank oder ähnliches werden würde. Ich nahm mir deswegen stets vor, meinen Körper nicht mehr zu berühren, doch zuweilen war der Körper stärker als der Geist, und so kam ich mir verworfen und verabscheuungswürdig vor....

... Ich litt sehr unter meiner körperlichen Schwäche, d. h. im Nachgeben sexueller Regungen. Oft versprach ich Gott, mich nicht mehr zu berühren, und wenn ich es dann doch wieder tat, fühlte ich mich wieder verworfen und verabscheuungswürdig. Heute weiß ich aus vielem, was ich als Erwachsener las. daß fast alle Jungen in dieselbe Phase kommen und während der Pubertät onanieren. Doch das Schuldgefühl von früher hat sich scheinbar so festgesetzt, daß es selbst durch dieses Wissen nicht zu lösen ist ..." (L.-Nr. 9673).

Was für die Onanieängste gilt, trifft bei der verbreiteten „ekklesiogenneurotisierenden" Erziehung für jegliche Äußerung der Sexualität zu, vor allem aber für die sexuellen Spiele, an denen – nach den Forschungen Kinseys – in den verschiedenen Altersgruppen 30 bis 40% der Kinder teilnehmen. Der gleiche 56jährige Angestellte schreibt über ein Erlebnis in diesem Bereich:

Sexuelle Spiele von Kindern und Jugendfreundschaften

„... Mein Vater ertappte mich einmal dabei, wie ich mit einem Mädchen aus der Nachbarschaft sexuell spielte. Ich war damals 9 Jahre alt, mein Vater erzählte seine Entdeckung sofort meiner Mutter, und ich wurde sogleich zu ihr gerufen. Meine Mutter nahm mich dann auf ihren Schoß und sagte mir, daß über so etwas der liebe Gott sehr böse wäre und mich Gott strafen würde, wenn ich je so etwas nochmal tun würde ..." (L.-Nr. 9675).

Doch auch die harmlosesten späteren Freundschaften, selbst wenn sie nur brieflichen Ausdruck finden, sehen sich erniedrigenden Verdächtigungen ausgesetzt.

Ein Student und Pfarrerssohn schreibt voller Abscheu und Bitterkeit über die Haltung seines Vaters seiner ersten Jugendliebe gegenüber:

> „... Komplizierter war seine Reaktion auf meine anhaltende Brieffreundschaft mit A. Er verbot mir, sie zu besuchen mit den Argumenten, sie sei katholisch und im übrigen bestünde die Gefahr, sie würde sich zu schnell an mich gebunden fühlen. Ich war 17, sie 16. Später verbot er mir geradezu die Fortsetzung des Briefwechsels, erklärte gereizt, ich hätte sie zu meinem Beichtvater gemacht und sagte ihr Dinge, die ich meinen Eltern nicht sagen wollte ... Er werde Konsequenzen ziehen, wenn ich ihm in dem Punkt A. nicht gehorche. Er gebrauchte dabei die Wendung Vertrauen gegen Vertrauen ..." (L.-Nr. 4522).

Für alle diese und einige hundert andere junge Menschen wurden die ersten Erlebnisse auf dem Gebiet der Sexualität (wie in dem erwähnten Buch „Sexualerziehung" ausführlich begründet wurde) untrennbar mit Schuldgefühlen und Gewissensbelastungen verbunden. Solche leibesfeindliche Einstellung steigert sich dann nicht ausnahmsweise bis zu Arbeitsunfähigkeit, Impotenz und unmittelbarer Selbstmordgefahr.
Das gilt auch für den Studenten, der uns den folgenden letzten Bericht zu diesem Thema lieferte:

Petting

> „... Als ich 19 Jahre alt war, kam im Rahmen eines Austausches ein englisches Mädchen für ein oder zwei Monate zu uns; zu diesem Mädchen hatte ich meine ersten körperlichen Beziehungen (Petting), die (wahrscheinlich wegen des noch nicht lange vergangenen Todes meines Vaters) mit Schuldgefühlen verbunden waren.
> ... Vom Sommer ... bis zum Herbst des nächsten Jahres hatte ich eine Freundin. Die körperlichen Beziehungen gingen nicht über das Petting hinaus. Sie machte Schluß, u. a. weil ich überheblich sei (nicht ihr gegenüber), weil das Verhältnis zwischen uns sich ‚so dahinschleppe' und weil ich unter vielen Menschen immer ganz anders wäre als sonst ...
> Über den Verlust der Freundin bin ich nie hinweggekommen. Die folgenden zweieinhalb Jahre habe ich mit unterschiedlich starken Depressionen ... gelebt, bis ich vor etwa einem Jahr mit der früheren Freundin wieder zusammenkam. Wegen Impotenz verlor ich sie auch diesmal wieder ..." (L.-Nr. 6305).

Die Beispiele von diesem Studenten wie von den anderen Patienten wollen Vorurteile ablegen und die Scheu überwinden helfen, in ähnlicher Weise die eigenen Erfahrungen niederzulegen. Auch will die günstige Entwicklung, die das Leben all dieser Kranken nahm, den Mut wecken, mit solchen Aufzeichnungen bewußt und hoffnungsvoll an der eigenen Gesundheit zu arbeiten.

Oft stehen dann die günstigen Ergebnisse nicht kurzfristig zu erwarten, und nur aus einer zusammenhängenden Krankengeschichte läßt sich der Verlauf einer solchen Selbstanalyse entnehmen, die wir am Ende jeden Kapitels hinzufügen. Die folgende betrifft nicht nur das Hauptthema geschlechtliche Entwicklung und Sexualität, sondern zeigt auch, wie der Patient mehr Geduld aufbrachte als der Arzt.

Beispiel einer Selbstanalyse mit besonderen Aggressionen gegen die Eltern und mit Beziehungen zu den Geschwistern

Ebenso aufschlußreich für die Möglichkeiten der Selbstanalyse wie für die Bedeutung freigelegter Aggressionen ist die folgende Krankengeschichte, bei der (wegen Schweigepflicht) die Namen, nicht aber die Daten verändert sind.

Die Vorgeschichte

Am 23. November 1965 erscheint erstmals ein 28jähriger Kandidat der Medizin. Er sieht sich in einer Zwangslage, aus der ihn – seiner Meinung nach – nur noch der Selbstmord befreien kann. Seine Eltern, die am Rande des Spessart in einer Kleinstadt wohnen, haben den ältesten Sohn ebenso wie die drei jüngeren Geschwister studieren lassen. Der Vater besitzt die einzige Apotheke des Ortes und genießt auch als Kirchenvorsteher das Ansehen der Bürger. Er legt auf einen raschen Studienabschluß seines Sohnes Wert, da er mit seiner Apotheke zusätzlich noch für zwei eigene ältere Schwestern aufkommen muß.

Bei seinen häuslichen Besuchen – wenigstens einmal im Monat – hat unser Patient – wir nennen ihn Dieter – stets den elterlichen Erwartungen gemäß von den Fortschritten im klinischen Studium in Frankfurt gesprochen und schließlich auch wahrheitswidrig nach seinem 15. Semester seine Meldung zum Examen mitgeteilt. In Wirklichkeit hatte er während der letzten drei Jahre kaum die Vorlesungen, ein Praktikum oder eine Klinik besucht, sondern untätig grübelnd zu Bett gelegen, gelegentlich mit Freunden zusammengesessen, dem Alkohol zugesprochen oder teilnahmslos ferngesehen.

Nunmehr kündigte der Vater seinen Besuch bei dem Professor an, bei dem Dieter angeblich seiner Doktorarbeit wegen die Staatsexamensprüfungen immer wieder hinausgeschoben hatte. Das Lügengebäude mußte zusammenbrechen. Der Schande vor den Eltern und der ganzen Gemeinde wollte er durch den Selbstmord entgehen.

Bei dem Streben, sich über die zuverlässigsten Selbstmordmethoden zu unterrichten, war er auf die Bücher der Ärztlichen Lebensmüdenbetreuung Berlin gestoßen und unternahm die Reise, um sich hier beraten zu lassen. Bei der ersten Untersuchung stand das Bild einer eher schweren, gehemmten Depression, ausgelöst und unterhalten durch eine „ekklesiogene Neurose“ im Vordergrund. Dem dringenden Rat zu klinischer Behandlung glaubte er nicht folgen zu können, weil er sich nicht zu dem Professor in Behandlung begeben wollte, der ihn einmal prüfen würde.

Aus der unmittelbaren Konfliktlage, den Eltern seine Situation schildern zu müssen, befreite ihn ein fast einstündiges Telefongespräch, in dem ich selbst die Eltern wegen der eindeutigen Selbstmordgefährdung milde stimmen konnte. Schon am nächsten Tag reisten beide nach Berlin und zeigten sich einsichtsvoll: sie ließen den Sohn für einige Wochen in Berlin und versprachen, ihn mit dem Studienabschluß nicht zu drängen.

Während der folgenden fast fünfeinhalb Jahre fanden insgesamt 102 Besuche statt (mit Ausnahme von fünf kurzen Beratungen alle 45 Minuten lang). Sie waren annähernd gleichmäßig auf die fünf Jahre verteilt mit einem Schwergewicht während der ersten sechs Wochen und später während je drei- oder viermaliger Berlin-Besuche des Patienten im Jahr, in denen er die Ergebnisse seiner vorwiegend selbstanalytischen Behandlung während der Zwischenzeit vorlegte. Die letzte Behandlung fand einen Tag vor der Niederschrift dieser Zeilen statt.

Die Krankengeschichte umfaßt über 300 eng beschriebene DIN-A 4-Seiten, von denen 260 Seiten von der Selbstanalyse des Patienten erfüllt sind, von diesen wiederum bestehen über 200 Seiten nur aus Schimpfwörtern, der Rest enthält eine Lebensbeschreibung und Traumberichte.

Der Verlauf der Behandlung:

1. *Therapie mit Psychopharmaka.* „Den ganzen Tag kann ich mich zu nichts aufraffen und bleibe dann überhaupt im Bett liegen; manchmal stehe ich wenigstens mittags auf. Morgens ist es am schlimmsten. Jede Nacht habe ich Pollutionen, die mich furchtbar schwächen. Ich glaube, das ist überhaupt der Grund für meinen ganzen Zustand. Mein Vater und unser Pfarrer haben mich genug gewarnt ... Schon seit zehn Jahren komme ich von der Sünde der Selbstbefleckung nicht mehr los, und seit ich im letzten Jahr endlich wenigstens öfter in meinen Kämpfen siegreich bin, habe ich nachts

so sündhafte Träume, daß meine Schuld auch nicht geringer ist, besonders weil ich morgens den Träumen dann immer noch nachgehe."

Bei Dieter sind die schweren Schuldgefühle jedoch nicht so sehr die Folge der depressiven Erkrankung als vielmehr deren Ursache. Innerhalb einer Woche wird eine tägliche Tofranildosis auf 150 mg gesteigert, ergänzt durch 25 mg Pertofran am Morgen, so daß schon nach zwei Wochen die depressiven Erscheinungen deutlich nachlassen und der Antrieb sich steigert. Die früher erheblichen Schlafstörungen sind gewichen. Am 22. Dezember reist er über die Weihnachtstage nach Hause, die Krankengeschichte vermerkt „Tofranilwirkung recht gut", „Meine erotischen Phantasien sind jetzt auch nicht mehr so schlimm wie früher," bemerkt er.

2. *Lesetherapie.* Weiterhin erhält er das Buch von SCHULTZ „Geschlecht, Liebe, Ehe" als „Lesetherapie" ausgeliehen.

3. *Die Hintergründe seiner Neurose.* Nach dem ersten Besuch der Eltern faßt die Krankengeschichte den Eindruck zusammen:
   Vater – selbstgerechter, kleinbürgerlicher Beamtentyp, Mutter – zwangsneurotischer Putzteufel, beide pietistisch und ihrerseits „ekklesiogen" neurotisch.

4. *Medizinisch-psychologische Gespräche.* Bei seinen nächsten Besuchen im März klären medizinisch-psychologische Gespräche, wie unbegründet in Wahrheit seine Schuldgefühle sind, die die Onanie betreffen, und eine positive Einstellung zur Sexualität fällt ihm schwer. Bemühungen, einen Arzt für eine intensive psychoanalytische Behandlung zu finden, schlagen fehl. Auf die Frage nach Träumen antwortet er: „Ich träume nicht", nach klärender Besprechung: „Ich kann meine Träume nicht behalten".

5. *Hypnotische Methoden.* Das autogene Training gelingt ihm nicht, auch in einer Fremdhypnose erreicht er nur mühsam und teilweise eine Entspannung, der Versuch zu einer Bilderschau mißlingt. Positiv hat er nur zu berichten:
   „Jetzt liege ich nicht mehr so lange im Bett, manchmal kann ich auch ein bis zwei Stunden arbeiten oder eine Vorlesung besuchen; ich denke auch nicht mehr so oft an Selbstmord."
   Bei der Teilnahme an einer Gruppentherapie bleibt er fast immer stumm, die Einzelbesprechungen bestätigen das Bild einer *„ekklesiogenen" Kernneurose.*
   Das folgende Sommersemester zeigt nach seinen seltenen Briefen keine Besserung seiner Arbeitsfähigkeit. Ende Juli wird die Behandlung wieder aufgenommen:

Bei einer Hypnose gelingt ihm mühsam ein „Weg auf den Meeresgrund". Schon der Stil seiner (mitstenographierten) Schilderung mit den vielen „resignierenden Negationen" im Sinne BUSEMANNS macht seine Hemmungen deutlich: „Die Vorstellung des Meeres ist sehr schwierig, richtig sehen kann ich eigentlich gar nichts ... auch fühle ich eine Art Unbehagen, als ich mir vornehme, zum Meeresgrund zu gehen. Ich habe keinen rechten Boden unter den Füßen (!). Jetzt gerate ich in eine Art Loch, aber ich weiß nicht, was das soll und habe auch kein Interesse nachzuforschen. Es ist nichts zu erkennen. Jetzt sehe ich ein dreieckiges Brett, das sich auf und ab bewegt. (Erst drei Jahre später wurde durch eine Fehlleistung deutlich: ihn beunruhigte ein Dreiecksverhältnis im Bett, vgl. S. 85). Es kann auch die Schwanzflosse eines großen Fisches sein; ich sehe auch einen großen Fisch; ich will ihm den Leib aufschlitzen, das wird aber nichts. Dann komme ich auf die Idee, in ihm von hinten bis nach vorne zum Maul zu gehen; das geht aber auch nicht ..."

In der anschließenden Besprechung erkennt er selbst:

„Der große Walfisch ist sicher mein Vater, aber ich komme nicht gegen ihn an, weder wenn ich ihn angreife noch wenn ich ihm in den H ... krieche."

Insgesamt bleibt für ihn der Eindruck des Mühsamen und Vergeblichen bei der Erinnerung als wesentlich bestehen.

Leichter gelingt ihm eine Woche später in der Hypnose ein „Weg auf die Bergeshöhe", wo er einem Einsiedler begegnet. „Er sieht aus, wie der katholische Priester, der im Fernsehen das Wort zum Sonntag gesprochen hat. Das hat mich so an unsern Pfarrer zu Hause erinnert. Ich frage den Einsiedler, warum ich nicht richtig auf den Meeresgrund kommen kann; er sagt schroff: ‚Weil du nicht willst!' ‚Und warum will ich nicht?' ‚Weil du nicht kannst und weil du nicht darfst', dabei wird er immer barscher und unfreundlicher. Rechts neben mir hampelt eine Plastikpuppe hin und her. Es ist ein Stehaufmännchen."

Bei der anschließenden Besprechung berichtet er, seine Tante habe ihm, als er 13 Jahre alt war, ein Stehaufmännchen geschenkt, mein Vater hat es mir aber weggenommen". Diese Erinnerung wird in ihrer symbolischen Bedeutung noch klarer, als er noch einmal den „Weg auf den Meeresgrund" antritt und erlebt:

„Ein Delphin erscheint und schnappt nach meiner Lendengegend, da schwimme ich schnell wieder nach oben. Oben sehe ich nur ein

Klosettbecken. Die Oberfläche ist gefroren. Als ich hineintrete, ist mein Fuß eingeklemmt. Nur mühsam kann ich ihn mit der rechten Hand befreien."

Jedem, der in der Bedeutung analytischer Symbole kundig ist, werden bei solcher Schilderung die von FREUD als „Kastrationsängste" bezeichneten Empfindungen deutlich, von denen jedoch zu diesem Zeitpunkt dem Patienten nichts gesagt wird. Das Bild der Toilette erhält später (vgl. S. 80) noch eine besondere Bedeutung.

6. *Autogenes Training.* Im Juli 1966 gelangen dem Patienten erstmals zuverlässig und regelmäßig die Unterstufenübungen des autogenen Trainings, die schon nach wenigen Wochen zu gemeinsamen, hypnoseähnlichen Übungen der Bilderschau (hypnotische Imagogik) eingesetzt werden mit dem Ziel, Dieter so bald als möglich zu selbstanalytischen häuslichen Übungen der Bilderschau anzuregen. Welche Schwierigkeiten er dabei zu überwinden hatte, schildert er selbst in einem nachträglichen Protokoll vom 28. 7. 66: „Gang zum Meeresgrund ... Ich ging langsam ins Wasser, es reichte zunächst bis an die Knie, wurde schnell tiefer, so daß ich untertauchen mußte. Ich stieg aber gleich wieder auf und sah von der Oberfläche aus den Grund. Ich ließ meine Füße ganz schwer werden, um wieder auf den Grund zu kommen, das geschah auch, doch blieb ich mit dem Oberkörper trotzdem an der Oberfläche und sah nur, wie meine Beine ganz lang wurden, um zu den schweren Füßen auf dem Grund zu reichen. So ging es nicht weiter. Ich ging in die Hocke, um dem Boden näher zu sein, das Wasser wurde aber nur flacher ... Jetzt nahm ich mir ein Auto und fuhr damit leicht abschüssig ... vergeblich ... ich nahm mir statt dessen eine Eisenbahn, mit dem Zug fuhr ich in einen Tunnel, an dessen Ende sah ich es jedoch wieder hell werden. Auch war ich gar nicht sicher, ob ich überhaupt noch von Wasser umgeben war. Nun machte ich einen neuen Versuch, ich wollte dem Meeresboden ganz nah sein und robbte auf allen Vieren vorwärts, schaffte auch ein Stück Weges, doch wurde es bald wieder schwierig, und ich hatte gegen eine starke Strömung anzukämpfen. Ich zog mich dann an kleinen Wasserpflanzen vorwärts, die meistens standhielten, manchmal auch ausrissen. Das gefiel mir nicht, und es waren jetzt lauter Eisenringe im Boden eingelassen, an denen ich mich weiterarbeitete, ich sah davon eine lange Reihe vor mir, so daß ich noch einen weiten Weg hatte. Statt der Ringe waren es dann Steigeisen, der Weg wurde auch recht abschüssig, ich sah einen Abhang erst weiter unten. Ich kam aber nicht nach unten.

Vielmehr bewegte sich der Boden unter mir rückwärts ... Da war ich auch schon wieder im knietiefen Wasser und, ehe ich mich's versah, wieder zurück am Land."

Die Unterstufe des autogenen Trainings gelingt nunmehr zuverlässig. Als erste Formeln setzt er ein (nach gemeinsamer Besprechung)

„Ich arbeite ruhig, stetig und klar,
das Gedächtnis behält."

Später bedarf es vor allem der Entängstigung im Blick auf die Onanie

„Onanie ist ganz gleichgültig".

1967 steht für einige Zeit eine Errötungsfurcht im Vordergrund seiner Beschwerden. Die Formel

„Die Wangen sind und bleiben angenehm kühl"

hilft ihm besser als die sonst meist erfolgreiche Einstellung „Wenn ich je erröten will, geht das Blut in die Beine und nicht in den Kopf".

Wiederum ein Jahr später beginnt er mit der Arbeit am eigenen Charakter. Viele Monate hindurch stellt er regelmäßig ein

„Ich handle als Mann".

Am 14. 10. 1966 klagt er, das nächtliche Knallen der russischen Überschallflugzeuge habe ihm seit vier Tagen jeden Schlaf geraubt. Eine erhebliche Bindehautentzündung der Augen bestätigt seinen Bericht. Er will nach Hause reisen, um dieser unerträglichen Störung zu entgehen. Da erhält er zum Autogenen Training die Formel

„Jedes Knallen vertieft die Ruhe".

Von da an ist sein Schlaf völlig ungestört, auch am Tage kann er sich wieder auf seine Arbeit konzentrieren. Nur klagt er seither über Schwierigkeiten beim Aufwachen immer dann, wenn die Pensionswirtin ihm auch bestätigt, es habe nachts geknallt.

Auch in anderer Hinsicht wirken die Formeln bei ihm äußerst zuverlässig.

Während er anfangs seine Träume nicht merken konnte, übt er seit Anfang Juli 1966

„Ich behalte meinen Traum".

Seither und dadurch bleiben seine Träume ohne Schwierigkeiten im Gedächtnis haften.

7. *Träume.* Am 2. Oktober bringt er seinen ersten aufgezeichneten äußerst kennzeichnenden Traum:

„Ich lag morgens faul im Bett, halb schlafend, halb wach, da kam mein Vater . . ., schimpfte mit mir und sagte, ich müsse mich jetzt entscheiden, ob ich im Bett bleiben oder mit der Familie frühstücken wolle. Gleichzeitig drehte er das Radio leiser und ging hinaus. Ich stellte es wieder recht laut, um ihn zu provozieren, blieb im Bett und hoffte, daß mein Vater bald wiederkomme, um sich zu ärgern."

8. *Einfälle.* Als Einfälle berichtet er zu diesem Traum ähnliche Erlebnisse aus dem Familienleben.

Schon der nächste Traum aber, drei Tage später berührt ein tieferes Problem. Er überschreibt ihn:

„Kirchentraum: Ich stand vor dem Schaufenster eines Geschäftes, es hieß, darin sei Gottesdienst, allerdings in Japanisch oder Chinesisch. Durch die Scheiben sah ich einen japanischen Pfarrer im Talar, an der Seite hing ein Anschlag wie ein Börsenbericht bei einer Bank, jedoch mit japanischen Schriftzeichen. Da sagte ich mir, es hat ja keinen Zweck, dort hineinzugehen, denn das verstehe ich ja doch nicht."

Seine Einfälle zu diesem Traum berichten – zunächst ohne nähere Begründung – von seinen Aggressionen gegen die Kirche im allgemeinen und den noch immer von den Eltern erwarteten sonntäglichen Kirchgängen im besonderen:

„Die denken doch nur an ihr Geschäft, und verstehen tut man das theologische Salbadern doch nicht," lautet sein hartes Urteil.

Am 3. 11. schreibt er nach dem Mittagsschlaf selbstanalytisch die Gedanken auf, die ihn bei dem Versuch bewegen, sich an den Traum zu erinnern:

„Ich denke mir stets Situationen aus, in denen ich gegen jemanden aufbegehren, ja revoltieren kann, aus einer gewaltigen inneren Trotzhaltung heraus, darum arbeite ich auch so langsam. Und wenn mich ein Professor noch etwas fragt, setzt bei mir praktisch jede Denkfähigkeit aus, als ob ich sagen wollte: „Wenn du mich schubst und drängelst, dann tu' ich's gerade nicht".

„Diese Trotzhaltung habe ich in meiner Kindheit schon häufig eingenommen, zuerst gegen meinen Vater. Mit vier Jahren saß ich einmal auf dem Klo und wurde mit meinem Geschäft nicht fertig, da kam er plötzlich herein, wurde ungeduldig und hat mich furchtbar ausgeschimpft. Ich sehe ihn noch genau vor mir mit dem Abzeichen auf seiner Uniformjacke und seinem strengen Blick, genauso streng wie meine Mutter, die mich manchmal halb schreiend und halb weinend mit einem Stock und einmal sogar mit dem Feuerhaken verprügelte."

In der anschließenden Besprechung sieht er in diesen – selbstanalytisch niedergeschriebenen – Erinnerungen den Schlüssel zu seiner späteren Lebenshaltung und seiner Erkrankung.

Vertrauensärztliche Gutachten

Die psychotherapeutische Behandlung wurde gleichsam aus der Ferne einer Art objektivierter Kontrolle durch den zuständigen Vertrauens-Nervenarzt der Krankenkasse unterstellt. Seine Urteile sollen in ihren wesentlichen Inhalten hier mitgeteilt werden:

„Facharztzentrale ... betrifft Kostenübernahme für psychotherapeutische Behandlung.

Versicherter wollte immer Arzt werden, hat aber wegen der Arbeitsstörungen sein Examen schon mehrmals verschoben ... Vom 14. bis 17. Lebensjahr in christlicher Schule ...

Die Mutter habe versucht, ihn durch Verwöhnung an sich zu fesseln. Ist christl.-religiös, selbst in der letzten Zeit etwas kritisch eingestellt ...

Wurde zunächst von Dr. THOMAS mit Tabletten behandelt, dadurch Depressionen gebessert, sonst bisher in Abständen Einzelstunden ...

Psychisch: Zwanghafte Mutterbindung mit depressivem Einschlag, dabei sehr selbstkritisch, überdurchschnittlich intelligent, offenbar erheblicher Leidensdruck.

Diagnose: Neurotische Fehlentwicklung."

Neun Monate später, am 23. Februar 1967, lautet das Gutachten des gleichen Vertrauensarztes:

„... Von den damals befürworteten 100 Stunden sind erst 25 ausgeschöpft, dabei wurden Träume besprochen, 3- oder 4mal auch Hypnosen durchgeführt.

Das gespannte Verhältnis zum andern Geschlecht habe sich schon normalisiert, die Problematik der Vaterbeziehung im 4. Lebensjahr sei besprochen worden. An der Beziehung zur Mutter und Schwester müsse er noch weiter arbeiten, obgleich er schon über dieses Thema einige Träume habe durcharbeiten können.

Psychisch: Wirkt wesentlich gelockerter und aufgeschlossener, obgleich eine tiefgehende Erörterung offenbar vermieden wird. Wieweit es sich um einen kurzdauernden Hypnoseerfolg handeln könnte, muß abgewartet werden, auf jeden Fall ist der Leidensdruck z. Z. etwas gelöst; auch Dr. THOMAS habe ihm gesagt, daß er zunächst nur weitere 25 Stunden ins Auge fassen wolle, und dann müsse man weiter sehen ..."

Selbstanalyse religiöser Träume

Der Winter 1966/67 ist in der Selbstanalyse Dieters erfüllt von einigen Träumen, die er sorgfältig mit seinen Einfällen aufschreibt und zu einem Besuch nach Weihnachten mitbringt. Nur wenige der fruchtbarsten können hier wiedergegeben werden. Viele Träume setzen sich mit dem Problem der Religion in Verbindung zur Erziehung der Eltern auseinander.

Dieter war angeleitet, seinen Träumen eine Überschrift zu geben; den vom 25. 11. 1966 nennt er „Hochzeitstraum“:

„Mit meinen Schwestern war ich in einer kleinen Kirche; der Organist spielte ein Choralvorspiel von Bach, das mir stark zu Herzen ging. Ich dachte an „Gottes Lamm, mein Bräutigam“ und wollte es mitsingen, aber ich hatte mich geirrt, ich las über den Noten „Jesus lebt, mit ihm auch ich“.

Dann begann eine Trauung: Wir sollten alle nach vorne kommen, sogar bis zu den Stufen vom Altar; doch ich wollte das nicht, denn wir gehörten ja nicht dazu. Dann sah ich einen Vagabunden, einen Uhrenhändler, mit einem Sekundenpendel in der Hand, das eine kostbare Perle enthielt. Eine dürre Hand schnappte danach; sie gehörte zu einem schwarzen Totenkopf.

Mir fällt dazu die Geschichte von den klugen und törichten Jungfrauen ein.“

Die Besprechung des Traumes und der Einfälle verlief unergiebig. Wohl berichtete er von einer Angst vor dem Tode, von seinem Streben „nach der einen kostbaren Perle“ im Sinne des Gleichnisses Jesu. Warum er aber mit seinen Schwestern zum Traualtar gehen sollte und dagegen heftig widerstrebte, das erklärte er nur mit seinem Abscheu gegen die kirchlichen Sitten. Erst ein Jahr später berichtete er zu diesem Traum die wichtigsten Ereignisse (vgl. S. 85).

In der folgenden Stunde berichtet er einen weiteren wichtigen religiösen Traum, der jedoch in anderem Zusammenhang bereits veröffentlicht ist[15].

Immer wieder beschäftigt ihn dabei das Problem:

„Jetzt bin ich schon 29 Jahre alt und habe immer noch keine Freundin.“ Über den Grund träumt er anschaulich:

„Ich sehe ein hübsches Mädchen in einem Käfig. Zwei Männer bauen den Käfig immer höher, daß niemand heran kann. Als ich genau hinsehe, erkenne ich: es sind die beiden Pfarrer unserer Stadt.“
In diesem Zusammenhang sei ein Traum mitgeteilt, den er ein halbes

[15] Thomas (1972c): Träume – selbst verstehen (S. 146).

Jahr später (am 24. 7. 1967) aufgezeichnet bringt. Er überschreibt ihn „Kirchentraum":

„Ich war in unserer Kirche; aber die Kanzel, auf der der Pfarrer stand, befand sich am falschen Ende (Turmseite) und hatte einen merkwürdigen kulissenartigen Umbau. Nach der Predigt wurde die Kollekte eingesammelt, dabei verließen viele Leute die Kirche. Ich fand das unerhört, weil der Gottesdienst noch nicht zu Ende war, und ich wollte meinen Ärger gleich dem Pfarrer mitteilen, doch ein Mädchen aus dem Kirchenbüro hielt mich zurück und sagte: Sie hätten riesige Stapel von Beschwerdebriefen und kämen gar nicht dazu, sie zu beantworten, das hätte gar keinen Zweck.

Dann erschienen zwei Polizisten in der Kirche, die nicht einmal ihre Mützen abnahmen. Sie wollten einige Landstreicher verhaften. Es gab ein furchtbares Durcheinander; denn zugleich kamen Mohammedaner und entfalteten ein riesengroßes blaues Horn in der Kirche mit einer Filmkamera. Der Pfarrer predigte weiter, aber niemand hörte ihn mehr. Es war sowieso langweilig."

In seinen aufgezeichneten Einfällen geht Dieter nicht auf die Bedeutung des Hornes ein; sondern berichtet zu diesem Teil nur: „In unserer Kirche halten gelegentlich auch Katholiken Gottesdienst." Nicht ohne Zusammenhang mit der Hornsymbolik fragt er aber: „Haben die Mohammedaner heute auch noch mehrere Frauen?" Die kritischen Erkenntnisse seines Traumes faßt er schließlich in die Aussagen zusammen:

„1. In der Kirche ist die Kanzel am falschen Ende,
2. dort gibt es keinen wirklichen Gottesdienst mehr,
3. dort herrscht ein Chaos, und nur das Geld (Kollekte) regiert,
4. dort ist jede Kritik zwecklos,
5. dort geht es zu wie im Kaspertheater, aber langweilig ist es trotzdem."

In seinen abfälligen Äußerungen war die pädagogisch ungeschickte Art seiner Eltern eingeflossen, die ihn Jahre hindurch gegen seinen eigentlichen Willen zum Kirchenbesuch veranlaßt hatten.

Im Sommer 1967 braucht und erhält er abermals ein Attest, das ihm die Hemmungen seines schwer neurotischen Zustandsbildes bescheinigt und damit seine Arbeitsunfähigkeit und ein nochmaliges Hinausschieben des Prüfungstermines ermöglicht.

Selbstanalytischer Lebenslauf:

Während der Weihnachtspause des Winters 1967/68 bringt er umfangreiche Aufzeichnungen über seinen selbstanalytisch geschriebenen Lebenslauf.

„Mehrere Jahre besuchte ich die ... Schule, ein kirchliches Internat. Was schön dort war: es gab immer zu einer bestimmten Zeit Essen, um das man sich vorher und nachher nicht zu kümmern brauchte (nicht wie zu Hause, wo ich immer einkaufen gehen und abtrocknen mußte).
Jeden Morgen war eine Andacht, dadurch hatte man eine Besinnungspause, bevor es losging. Man konnte still und mit Gott in Verbindung sein und wußte, das geht, und man brauchte sich dafür nicht zu schämen, denn die anderen waren zur selben Zeit auch wirklich still.
Der Unterricht fiel mir leicht, und die Klassenarbeiten waren nicht schlimm (in Latein und Mathe).
Ich konnte auch viel klassische Musik hören, die ich sehr liebte.
Was schlimm dort war:
Ich war die ganze Zeit dort verliebt und immer traurig. Ich hatte immer Angst vor Deutsch und den Aufsätzen wegen unserer Deutschlehrerin.
Ich hatte keinen Freund, und niemand nahm mich ernst. Morgens beim Wecken um 1/2 7 Uhr war ich nie ausgeschlafen, denn ich schlief immer als Letzter ein.
Ich hatte nie Freude am Sport, alles war zu anstrengend für mich, und ich war zu ungeschickt. Dann hatte ich immer Angst, daß die andern mich auslachten.
Ich war in der geschlechtlichen Entwicklung hinter den anderen zurück. Einige rasierten sich schon und hatten Männerstimmen im Chor. Sie konnten sich auch ganz normal mit Mädchen unterhalten, das brachte ich nie fertig.
Ich liebte die Ursula und mußte immer an sie denken. Aber all meine Liebe war vergeblich und unnütz; ich wurde immer trauriger, unsicherer und einsamer, denn sie war ja immer da, in jeder Stunde und in jeder Pause; ich hätte sie aufsuchen können, aber ich wußte nie, wie ich mich verhalten sollte. Sollte ich hinsehen zu ihr oder absichtlich wegsehen, gleichgültig tun oder mich nur mit den Klassenkameraden unterhalten. Nichts von allem gelang mir. Immer wieder dachte ich: jetzt müßtest du dir ein Herz fassen, aber immer geschah das Gegenteil. In diesem Zwiespalt wurde ich immer passiver, bekam immer mehr Angst, besonders auch vor den Folgen, denn meine Eltern hätten nie erfahren dürfen, wenn ich eine Freundin gehabt hätte."
Von dieser Hauptnot in seiner Jugend schreibt er noch viele Seiten. Von seiner fast panischen Angst vor der Tanzstunde, von seinem Neid auf die anderen Jungen, seiner Eifersucht, wenn ein anderer mit Ursula tanzte, was er selbst nie gewagt hätte. „Die Tanzstunde war mir eine einzige Qual."

Die entscheidenden Erlebnisse und ihre fortwirkenden Schuldgefühle

Das Wintersemester bricht er vorzeitig ab; gearbeitet hat er fast nichts; am 11. Februar 1968 schreibt er in einem wilden Affektausbruch den Anfang seines Lebensbekenntnisses nieder:

„Es ist alles so furchtbar zerfahren, nichts geht, nichts kommt vorwärts; ich kann nur noch an Inge denken (seine jüngste Schwester), ich könnte stundenlang mit ihr spielen, ihre V. küssen, mit ihr f.... furchtbar, furchtbar, furchtbar – ich könnte alles verfluchen, die ganze Welt und sie mit, und doch, sie unendlich lieben und zärtlich mit ihr sein. Diese Vorstellung ist zum Auswachsen. So schön und rund und weich ist alles bei ihr. Und wie schön streichelte sie mir das Glied – ach, wie furchtbar. Was kann ich denn dafür, die anderen Jungen taten es doch auch – warum denn ich nicht mit meinen Schwestern. Immer wollte ich möglichst im gleichen Zimmer sein wie sie. Ich durfte doch sonst keine Freundin haben. Eine Zeitlang schlief Inge in dem Zimmer neben mir. Dann packte mich nachts oft ein solches Begehren, daß ich heimlich zu ihr hinüberschlich. Es war ganz still, und ich hörte nur mein Herz schlagen, so erregt war ich. Vorsichtig griff ich unter ihre Bettdecke und unter ihr Nachthemd und fuhr auch mit meinem Finger in ihre Scheide, meistens merkte sie es nicht in ihrem festen Schlaf ..." (?)

In der 80. Stunde, in der er diese Aufzeichnungen mitbringt, erzählt er nun Erinnerungen von außerordentlicher Intensität und Belastung. Bis ins 4. Lebensjahr zurück reichen die *Inzestwünsche und -handlungen* mit beiden jüngeren Schwestern, bis er schließlich mit seiner Inge, als er 16 und sie 13 Jahre alt war, regelmäßigen Geschlechtsverkehr aufnahm. Ein Jahr später drohte eine Katastrophe: sie wurden von der anderen Schwester im Bett überrascht. In der äußersten Angst vor der elterlichen Strafe erhielten Dieter und Inge aber ein Angebot: wenn beide sie, die ältere, jedesmal mit in ihre Spiele und den abschließenden Verkehr einbezogen, sei sie bereit zu schweigen. Die Bedingung wurde angenommen, einerseits zum offenkundigen Vergnügen aller drei Beteiligten, andererseits mit schweren Schuldgefühlen, mindestens für Dieter, der nicht zufällig schon in einem seiner ersten Träume sich mit beiden Schwestern vor den Traualtar gerufen sah.

Nun berichtet er von weiteren Zusammenhängen, die er bisher verborgen hatte: Besonders vor seiner Mutter empfand er eine fast panische Angst, sie könnte ihn entdecken und überraschen, so wie er es bei der Schwester erlebt hatte. In seinen Träumen geht dann das

Bild der Schwestern in das der Mutter über: Mit seiner eigenen Mutter übt er da Inzest! Gottes Strafe scheint ihm sicher. Diese Sorge durchzieht auch seine religiösen Gedanken.

Auch auf sein eigenes Sexualleben wirken sie sich aus. Wenn er – inzwischen dreißig Jahre alt – einmal die Gelegenheit findet und wahrnimmt, bei einem Mädchen seine Männlichkeit zu beweisen, so versagt er: „Ich bin impotent", lautet seine bewegte Klage, „immer sehe ich dann meine Mutter hinter mir stehen und spüre ihre Gegenwart, und dann kann ich nicht".

„Das ist auch so ähnlich, wenn ich arbeiten will, dann denke ich immer, mein Vater steht hinter mir, und dann kann ich einfach nicht anfangen."

Von daher entwickelt sich bei ihm eine wachsende Aggression gegen beide Eltern.

„Mit beiden Händen möchte ich jetzt schreiben" sagt er und bringt während der folgenden zwei Wochen zu jeder Stunde etwa 20 Seiten mit voller heftigster Affektäußerungen gegen die Eltern:

Aus seinen Aggressionsentladungen

„Alter Saukerl in seinem Saustall, ein Himmelhöllenhund mit seiner Satansziege, ultrarechtslinkes Sauscheißmistvieh, schizophrener Syphilist, verunglimpfter Arschgeier, A.-Ficker, Keimdrüsenabkneifer, Oberschleimsch. . ., Kindermordexperte, Kannibalismusexperte, empfängnisverhütender Frauenmörder, ausgefitztes Suppenhuhn, Schabenfresser, Karrakatischaer Laienpriester, Kirchhofsbetrüger, Idiotenspiegelzimmerer, Inzestficker, Kinderverschlinger, verfickter Zinnoberverführer, Auschwitzvertreter, Kinderverführer, Im-Keim-Ersticker, vernebelter Waldheini, Heulsusenverbrenner, Schießprügelverenger, drangsalierender Schwitzkastenhalter, Schilddrüsenzerdrücker, schemenhafter Affenarschabtrenner, zermürbender Aasgeier, schielendes Ungeheuer, zwielichtige Gestalt, Irrenhausanwärter, saftlatschiger Hühnerdreck, schweinsköpfiger Schildbürger, schwindelerregender Kuheuter, häutetragendes Mistvieh, stiertötendes Kirchenschwein, stieläugiges Braunhemd, saftlatziger Gemüsehändler, Tierquäler, stinkendes Eselsaas, Sch.-kerliger Eierverkrüppler, lahmarschige Krücke, starrköpfiger Grimassenschneider, erfindungssüchtige Waldeule, fischäugiger Gaffer, hundsgemeiner Saftarsch, Knochenpeiniger, gerammelt voller Sch.-Pott, lauter Mist, Scheiße, Ferkelei, Schieberei, diese Hunde, diese Ratten, Satansknüppel . . ."

Einzelne Abschnitte in den ersten 60 (!) Seiten eng vollgeschriebener Schimpfkanonaden (ohne Wiederholungen) beziehen sich auch auf seine Mutter:

„Kriegskuh, Schwitzzange, Schließmuskel, Wildbrunnen, grünwerdende Hexe, Teufelsbrut, Amphibienwesen, Quarkzerdrücker, Drahthündin, sittsamer Engel ...
Schakalaffe, Datterratte, Dattelhacke, Katzenjammer ..."

In äußerster Eile niedergeschrieben, wechseln bald verständliche Ausdrücke mit scheinbar sinnlosen Wortbildungen, „Neologismen" ab.

„kaleppo mamaro poente, dringilo untiki intresso, grinizzo putewi malaki, kanindon garku och nich drin . . . grnadewulki brasuniki paernowi, zipelino spolento mirapento, schpaßzowoti bahamkumiwo kriegerilo, weilixsimerloko duduwu ... tatiwi meifei geileimairaischmeiß die Eier weg geil nein heiter dein einziger Heinrich Meierdreizehn Schweinereien nein kein einziger zeigt seine Eier Heinrich Schwein schwänzchen ein meier heißt meier deizi deizi ...
Sonoro baro wero loro korio lio kilo wilo schmilo silopilo wilo daro baro schmalo walo ...
heck dreck weg meck eck geck zeck schmeck mal weg du geck keck den zeck mal weg keck keck so'n Gag ...
Ich möchte mal mit Dir, und du mit mir? Hier, hier. Vielleicht um vier? So saen wir. Schmier, schmier! Naja, hier ist mir nicht vier. Geh'n wir! So ist's dir und ihr? Trink'n wir hier ein Bier! ... Dring in sie, sie will nicht viel ..."

Dadaistische Befreiung

Zwischen der 85. und 90. Analysestunde ging nun der Patient dazu über, mit starker innerer Affektbeteiligung und Aggressionshaltung endlich einmal seinem Herzen ohne Hemmungen schriftlich Luft zu machen. Nachdem er mit den bereits berichteten Beispielen etwa 60 Seiten in klarer Sprache Kraftausdrücke niedergeschrieben hatte, entfernt sich seine skurrile Wortbildung nun immer weiter von sinnvoller sprachlicher Ausdrucksweise. In der Art des „Dadaismus" schrieb er wochenlang täglich mindesten vier DIN-A 4-Seiten voller scheinbar sinnloser Neologismen. Erst nach diesem täglichen Schreiben fühlte er sich innerlich erleichtert und zum ersten Mal seit über zehn Jahren fähig zum wissenschaftlichen Arbeiten. Erst nach mehreren Wochen bemerkte er selbst, daß seine Wortbildungen jeweils bestimmte Konsonanten und Vokale häuften: p – o, sowie f – i.
Die folgenden Zeilen verdeutlichen dies:
„krosopo hopo popolo, adropo schwepo ohopo, flosopo kotolopo, osopo folopo kenototo, henoto, kolopo, schnopo ... Kiflimivid. Triflinimil, Drifrikiliwalischil. Flieh kilimid. Firnistiziel. Sinifripanaiflitziwil initvittiziel, Tripifinil ..."

Er hatte in dieser Form seinen verdrängten analen und genitalen Wünschen Ausdruck gegeben, die er sich zunächst bewußt nicht einzugestehen wagte.

Abschluß der Behandlung

Zu der eindeutigen Befreiung durch das Schreiben, die er erlebt, äußert sich in dieser Zeit der Vertrauensarzt:
„Fühlt sich besser, die schriftliche Selbstanalyse, zu der er von Dr. THOMAS aufgefordert war, sei erst nicht in Gang gekommen, schreibt jetzt aber fast jeden Nachmittag und fühlt sich auch körperlich besser. Damals war in typischer Weise die Liebesenttäuschung von ihm selbst inszeniert, was er jetzt schon übersehen könne. Wird im beruflichen Bereich zwar expansiv, so daß es auch zu aggressiven Auseinandersetzungen kommt, aber nimmt sich große Arbeiten vor, die das Examen verzögern, ohne das noch von einer Arbeitsstörung die Rede sein kann. Macht sich auch alles schwerer als notwendig. Will das jetzt ändern und das Studium abbrechen. Keine festen Berufspläne. Die körperliche Besserung war durch AT erzielt worden, wobei nicht sicher ist, ob sie von Dauer sein wird.
Psychisch: Wirkt gelockerter, ist ganz in der analytischen Auseinandersetzung mit seinen Problemen begriffen. Der Leidensdruck hat sich weiter gelöst."
Dennoch steigert die offenkundige Besserung seine Arbeitsfähigkeit nicht so nennenswert, daß er ernsthaft an die Prüfung denkt. Immer dringender werden anfangs die Ratschläge, durch systematische Tages- und Arbeitspläne sowie zahlreiche weitere Anweisungen für die Arbeitstechnik, das Lernen zu erleichtern. Die Erfolge bleiben zu begrenzt. Er weicht aus.
Ein letzter ernster Rat wird ihm erteilt: Er erhält keine Bescheinigungen mehr, die die Prüfung hinausschieben. Dem inzwischen 33jährigen „ewigen Studenten" wird eine Stelle in der pharmazeutischen Industrie vermittelt, die er auch ohne abgeschlossenes medizinisches Studium wahrnehmen kann. Er zieht es vor, weiter Studium und Arbeit hinauszuschieben. Daraufhin erhält er keine Termine.
Nun aber erwacht sein Trotz, den er schon gegen den Vater zehn Jahre lang erfolgreich durchgesetzt hatte, der von ihm die Prüfung verlangte. „Nun gerade nicht", war die innere Einstellung Dieters. Nun waren Eltern und Arzt sich einig: Er muß das Studieren lassen und soll ein akademisches Berufsziel aufgeben. „Nun gerade nicht", so mag er sich, vielleicht ohne es selbst zu wissen, eingestellt haben. Ein Jahr hindurch ist von ihm nichts mehr zu erfahren.

Da meldet er sich am 2. März 1971, ohne vorgemerkt zu sein: „Gestern habe ich zum Dr. med. promoviert. Auch das Staatsexamen habe ich inzwischen abgelegt!

Die Einzelheiten muß ich Ihnen später noch erzählen; dazu ist heute keine Zeit. Übrigens – eine Freundin habe ich jetzt auch!" (L.-Nr. 6353)

„Lebenskreise" und Menschen der Umwelt

In Beruf und Freizeit

Die Fragen des Berufslebens sind zwar selten unmittelbarer Anlaß für Konflikte. Unter den ersten 10 000 Patienten der Ärztlichen Lebensmüdenbetreuung fanden wir diese Frage nur bei 5,4% aller Ratsuchenden an der wichtigsten Stelle, bei 20,5% (insgesamt) mit erwähnt, und nur bei 0,85% stellten Berufsprobleme einen Grund für Selbstmordgefährdung dar. Mit Recht wird heute auf die Leistungen der körperlich schwer Arbeitenden verwiesen, für die die sozialen Aufwendungen und die Löhne in den letzten Jahren besonders in der Bundesrepublik um ein Mehrfaches gestiegen sind. In unserer Lebensmüdenbetreuung sehen wir jedoch um ein Vielfaches häufiger die Berufsschwierigkeiten der Akademiker und der in führenden Stellungen Tätigen, die bis zu der doppelten Zahl an Wochenstunden arbeiten müssen, nämlich 80 und 90 (Ärzte), von denen viele ein Maß an Verantwortung tragen und auch nach ihrer Arbeitszeit nicht ablegen können, wie ein Maurer seine Kelle niederlegt zum Feierabend. Hinzu treten notwendige und eigentlich überflüssige Belastungen an das Nervensystem – wir haben sie in den letzten Jahren in einem gesundheitlich bedenklichen Ausmaß, besonders bei Hochschullehrern und Studienräten, beobachtet.

In klassischer Form hat schon vor über 1900 Jahren der Apostel PAULUS die Stress-Situation eines Seelsorgers geschildert, ein Mann, der sich seinen Lebensunterhalt als Handwerker verdiente und dann die Gefahren schildert, denen er auf seinen dienstlichen Reisen ausgesetzt war (er ist allein über 10 000 km zu Fuß gewandert!). LUTHER gibt in seiner kräftigen, – wenn auch nicht auf jeden modern wirkenden – Sprache die innere Lage des PAULUS wieder: „ . . . in Mühe und Arbeit, in viel Wachen . . . außer, was sich sonst zuträgt, nämlich daß ich täglich aufgesucht werde und trage Sorge für alle Gemeinden. Wer ist schwach, und ich werde nicht schwach – wer wird geärgert, und ich bin nicht mitbetroffen" (1 Kor. 11, 26–29).

Wer den wesentlich stärker gefährdeten Gesundheitszustand und die um mehrere Jahre geringere Lebenserwartung bei den akademischen Berufen (besonders den Ärzten) täglich vor Augen hat, der wird auf die erheblich

vermehrten Lebens- und Gesundheitsschwierigkeiten all dieser zwar nicht sozial, aber nach Arbeitsmenge und Nervenbelastung benachteiligten Berufsgruppen hinweisen müssen.
Nicht weniger Bedeutung kommt der Freizeit zu, ihrem Ausmaß, der Fähigkeit, sie sinnvoll zu nutzen und sich innerlich von den Berufsbelastungen zu erholen.
Eine ärztliche Anleitung zur Selbstanalyse muß auch auf die Bedeutung des Sportes und körperlicher Betätigung in frischer Luft verweisen, für die ein kräftiger Stimmeinsatz bei Fußballspielen und bloßes Toto-Wetten noch keinen Ersatz bieten.
Eine Selbstanalyse sollte auch nach dem Ausmaß von Tabak- und Alkoholgenuß fragen, nicht in erster Linie wegen der schweren Gesundheitsschäden und -gefahren durch alle Drogen und die genannten Genußmittel, nicht nur wegen der unglaublich hohen Geldsummen, die der Einzelne wie die Gemeinschaft dafür ausgeben. (In der Bundesrepublik über 20 Milliarden Mark jährlich!) Der Hauptgewinn kritischer Selbstbesinnung in diesen Fragen wird oft zu der Erkenntnis führen, wie schwach in Wahrheit der eigene Wille ist, der trotz allen Bemühens und mit vielen fadenscheinigen Entschuldigungen einen Menschen nicht von diesen schädlichen Genußmitteln lösen kann.

In Freundschaft und Liebe

Der Bedeutung nach stehen die zwischenmenschlichen Beziehungen bei der Selbstanalyse an erster Stelle. Deshalb nehmen sie auch in der Lebens- und in der Konfliktgeschichte einen breiten Raum ein. Die Mehrzahl der Beispiele dieses Buches legt davon Zeugnis ab, und die systematische Darstellung, die in dem Buch „Sexualerziehung" vorliegt, kann hier nicht wiederholt werden. Die zusammenfassenden Ratschläge für die Selbstanalyse wollen, besonders mit dem Fragebogen (s. S. 102) dazu anregen, sich im Rahmen des Lebensablaufes Rechenschaft zu geben, welche Beziehungen mit welchem Menschen und zu welcher Zeit das Leben gefördert und bereichert haben, so daß wir gerne an die Begegnungen zurückdenken und ihnen – gerade auch in der Selbstanalyse – ein Denkmal der Dankbarkeit aufrichten wollen.
Sollten aber Erinnerungen aufsteigen, an die wir nicht gerne denken, dann lohnt es erst recht, über die Gründe nachzusinnen, damit solche Erlebnisse sich möglichst nicht wiederholen.

In Ehe- und Lebensbewältigung

Die Probleme lebenslanger Partnerschaft pflegen in der Selbstanalyse vorwiegend bei den älteren Ratsuchenden aufzutreten. In der Regel bereitet es niemandem Schwierigkeiten, die Geschichte seiner Ehe aufzuschreiben. Spielen dann, wie es meist der Fall ist, auch Spannungen und Auseinandersetzungen mit hinein, so empfiehlt es sich, mit einem Rat von MORENO, die gleiche Geschichte ein zweites Mal nach bestem Gewissen so aufzuschreiben, wie der Ehepartner es vermutlich täte. Oft wird dann die Aufgabe, sich ganz in den Partner hineinzuversetzen, der Forderungen von I. H. SCHULTZ gerecht werden, die in der Formel für das autogene Training gipfelt

„Ich sehe den anderen".

Gelegentlich freilich wird der gleiche Versuch in der schmerzlichen Erkenntnis enden: Offenbar sind es verschiedene Welten, in denen wir leben und urteilen, vielleicht gar Welten, zwischen denen es keine Brücke mehr gibt. Die unendlich vielfältige, mit Schwierigkeiten und Problemen erfüllte Lebenswelt der Ehe müßte jedoch ebenfalls den Rahmen dieses Buches sprengen, zumal sie schon früher ausführlich abgehandelt wurde.

Unter dem mehrdeutigen Wort „Lebensbewältigung" verstehen wir hier die Frage, wie weit der Blick der Selbstanalyse die Vergangenheit bewältigen, d. h. verarbeiten konnte, oder ob und gegebenenfalls welche Schuldgefühle zurückblieben, die im krankhaften Bereich bei erheblicher Belastung ärztlichen Beistand fordern, bei gesunden Menschen zur wirklichen Überwindung die Seelsorge mit dem Erlebnis der Vergebung erfordern.

Im Blick auf die Gegenwart ergeben sich durchaus parallele Fragen bei starkem Leidensdruck. Er weicht bei krankhafter Ursache, also einer Depression, nur dem ärztlich-psychiatrischen Beistand[16]. Schweres, durch Schicksalsschläge bedingtes Leid stellt den davon betroffenen Menschen vor den letzten Sinn, den Grund und Halt seines Lebens, also vor Probleme, zu denen die Selbstanalyse hinführen, die sie aber so wenig lösen kann, wie sich auch kein Mensch an seinem eigenen Schopf aus einem Sumpf ziehen kann.

Der Blick in die Zukunft schließlich kann in ähnlicher Weise durch die Angst getrübt sein; schwere und offenbar unbegründete Angstzustände fordern dann wieder die Hilfe von Psychiater oder Psychotherapeut, die einfühlbaren Sorgen dagegen stellen in neuer Form die oben genannte Aufgabe nach einer letzten Geborgenheit im religiösen Bereich.

Im einzelnen aber beherrschen die Blickrichtungen in Vergangenheit, Gegenwart und Zukunft den letzten Teil dieses Büchleins. Zuvor jedoch soll auch dieses Kapitel mit einem Beispielvergleich und dann mit einem Fragebogen schließen, die beide von der praktischen Erfahrung wie von der Aufgabe der Selbstanalyse her eine Zusammenfassung bilden.

---

[16] Die gelegentlich schwierigen Abgrenzungen sind in dem Buch „Seelische Störungen ..." behandelt (vgl. S. 146).

Erstes Beispiel für das Verarbeiten der Vergangenheit: Ein überlasteter Psychastheniker

Ein 31jähriger Universitätsassistent schildert qualvolle Zustände lähmender Arbeitsunfähigkeit, vielfältige körperliche Beschwerden, besonders an Herz, Magen und Atmungsorganen sowie Schlafstörungen. Er ist offenkundig arbeitsunfähig und sieht seine gesamte berufliche Laufbahn wegen der in wenigen Monaten bevorstehenden Habilitation gefährdet.

Untersuchungsbefunde

Zunächst sind die Befunde zu klären: Der fachinternistische Bericht läßt keinerlei organische Erkrankungen erkennen. Die eigene konstitutions-biologische Untersuchung zeigt einen extremen Grad vegetativer Labilität, aber weder degenerative Stigmen noch endokrine oder sonstige konstitutionelle Schäden.

Die psychiatrisch-psychotherapeutische Untersuchung ergibt keine Hinweise auf depressive, hypochondrische oder hysterische Störungen, auch fehlen tiefgreifende Konfliktsituationen oder neurotisierende Traumen aus der Kindheit. Sexuelle Schuldgefühle aus der Spätpubertät und Adoleszenzzeit, vorwiegend wegen der nach seiner Ansicht zu frühen Liebesspiele mit einem Mädchen dürfen wegen der Häufigkeit nicht überwertet und nicht als ursächlich für die im Erscheinungsbild schweren, doch sicher nicht tiefreichenden Beeinträchtigungen der Gesundheit und Arbeitsfähigkeit angesehen werden. Seit drei Jahren lebt er in harmonischer Ehe.

Schon in der ersten Woche erhält er den Rat, an einem Kursus für autogenes Training teilzunehmen und an einer Gruppenunterweisung, unter welchen Gesichtspunkten eine schriftliche Selbstanalyse anzufertigen sei. Eine Woche später bringt er seine Aufzeichnungen, mustergültig kurz und klar in der Formulierung. Sie folgen hier mit seiner Zustimmung im ungekürzten, unveränderten Wortlaut:

Muster der äußerst straffen Selbstanalyse

„Die Krise, in der ich mich zur Zeit befinde, äußert sich in verschiedenen Formen nervöser Erscheinungen, so in krampfartigen Schmerzen in der Herzgegend, in Kreislaufbeschwerden, in Magenschmerzen (seltener), innerer und äußerer Unruhe, leichter Erregbarkeit, u. a. Diese Beschwerden treten im allgemeinen als Folge geistiger Betätigung auf, vor allem beim Lesen und geistigen Verarbeiten des Gelesenen – dabei muß es sich nicht um die Lektüre schwieriger wissenschaftlicher Probleme handeln, schon längeres Lesen der Zeitung oder schöngeistiger Bücher reicht aus – sowie bei Diskussionen und Unterhaltungen, soweit ich mich mit einiger Aktivität beteilige. Die Beschwerden setzten bereits vor drei bis vier Jahren ein, waren zunächst jedoch schwach ausgeprägt, verschwanden zwischendurch völlig, gewannen aber langsam an Intensität. Besonders stark traten sie zur Zeit meiner mündlichen Doktorprüfung (Anfang 1966) auf, danach eine leichte Erholung. In jüngster Zeit haben die Beschwerden ein solches Ausmaß angenommen, daß ich in meiner beruflichen Arbeit, d. h. bei der Arbeit an meiner Habilitation, praktisch völlig lahmgelegt bin.

Da die nervösen Erscheinungen lange Zeit nur bei angestrengter beruflicher Arbeit auftraten, liegt die Vermutung nahe, daß die Wurzel des Übels in der beruflichen Sphäre liegt. Richtiger ist wahrscheinlich, daß die Krise im beruflichen Bereich vor allem in Erscheinung tritt, daß ihr Ursprung aber tiefer liegt. Mit dem beruflich Erreichten könnte ich eigentlich glücklich und zufrieden sein. Mit einem scharfen analytischen Denkvermögen habe ich mir sehr gute Examina und ein ausgezeichnetes Image bei meinem Professor erworben. Und trotzdem fehlt die innere Befriedigung, die Selbstsicherheit selbst im beruflichen Bereich. Dies führt zurück auf starke innere Widerstände und Spannungen, gegen die ich mir meinen Erfolg erkämpfen mußte. Diese wiederum führen wahrscheinlich alle letztlich zurück auf das Phänomen Unsicherheit, das mein Fühlen und Handeln in allen Lebensphasen und -bereichen mehr oder weniger stark bestimmt hat.

Das Gefühl der Unsicherheit kann ich bis in meine Kindheit zurückverfolgen. So verkraftete ich es schon als Kind nicht, wenn man über mich spottete; mein Vater spottete ganz gerne einmal, natürlich nicht nur über mich. Ich konnte die „Blamage" des Verlierens beim Kartenspielen nur schwer ertragen, ich konnte meine Wünsche nicht unbefangen vortragen, fühlte mich meinen Spielkameraden gegenüber oft unsicher, etc. Die Unsicherheit im Umgang mit meinen Mitmenschen bin ich bis heute nicht losgeworden, wenngleich sie sich nicht immer mit gleicher Deutlichkeit zeigt. Z. T. tritt sie völlig zurück; z. B. wenn ich auf dem Katheder stehe und doziere oder in Prüfungen. Die Unsicherheit hat unterschiedlichste Ausdrucksformen: Befangenheit, Zurückgezogenheit, Verschlossenheit, Verkrampftheit, Selbstbeobachtung, Geltungsbedürfnis, leichte Verletzbarkeit, aber auch unkontrollierte polemische Schärfe und Aggressivität.

In der Oberstufe der Schule galt ich als unzugänglich und schwierig. Die Lehrer meinten, daß ich Widerstand leistete und schürte, was aber durchaus nicht in meiner Absicht lag. Dabei hatte ich einige gute Freunde.

Natürlich habe ich mir diese meine Unzulänglichkeiten nur selten offen eingestanden. Sicher habe ich auch bewußt und unbewußt gegen sie angekämpft. Aber natürlich nur mit oberflächlichem und wahrscheinlich zweifelhaftem Erfolg. Die Unsicherheit nach draußen ist das Spiegelbild der Unsicherheit nach innen. Diese innere Unsicherheit und Unruhe hat (wahrscheinlich) die freie Entfaltung von Charakter und Persönlichkeit gehemmt. Das fängt damit an, daß mir sehr lange – vielleicht heute noch – echte, positive Leitbilder fehlten, denen ich freudig nachgestrebt wäre. Das drückte sich sehr lange in einer jede Aufgeschlossenheit, Offenheit und Spontaneität ausschließenden negativistischen und pessimistischen Lebenshaltung aus. Mir fehlte die Fähigkeit, auf unerfreuliche Erlebnisse spontan zu reagieren und sie damit abzureagieren. Initiative und Unternehmungsgeist, die Freude und Fähigkeit zu Improvisation und Intuition gingen mir ab. Der Geist brütete überwiegend stumpf und träge dahin, und es kostete Anstrengung und Überwindung, ihn zu geistig produktiver Arbeit zu gewinnen. Insbesondere beim Schreiben der Doktorarbeit fehlte mir die innere Begeisterung, die mich hätte mitreißen können, die Konzentration und Arbeitsfreude von selbst hätte erzeugen können. Statt dessen überwogen psychisch bedingte Müdigkeit, Kampf und Krampf.

Manches an meiner inneren Haltung entkrampfte sich und gestaltete sich freundlicher, als ich meine Frau kennenlernte und heiratete (1962/63) und als sich meine Doktorarbeit dem Ende näherte (1963). Trotzdem verstärkten sich meine nervösen Beschwerden. Vielleicht hängt das u. a. damit zusammen, daß mir die oben dargestellten Schwächen zunehmend bewußt wurden und noch werden und ich mit der dringend notwendigen und auch als wünschenswert erkannten inneren Umstellung Schwierigkeiten habe.

Heute sehe ich als Hauptprobleme: (1) Meine innere Unsicherheit hat mich körperlich stark mitgenommen, meine körperlichen Beschwerden sind Grund zu neuer Unsicherheit. Ein Teufelskreis, aus dem ich ausbrechen muß. (2) Nach einer körperlichen und seelischen Gesundung muß ich das Problem der Berufswahl neu überdenken. (3) Die berufliche Tätigkeit muß mir ausreichend Spielraum lassen für Hobbys, die den Geist ansprechen, damit ich aus meiner bisherigen totalen geistigen Einseitigkeit herauskomme. Interesse und innere Bereitschaft hierfür sind vorhanden."

Diagnose

In der dritten Behandlungsstunde faßt das Krankenblatt die Diagnose folgendermaßen zusammen:

1. „Psychasthenie“ bei leptosomer Konstitution und schizothymem Temperament,
2. extreme vegetative Labilität mit entsprechender psychischer Feinempfindsamkeit und weit überdurchschnittlich hohem Intelligenzniveau,
3. mittelstarke Konfliktbelastung auf beruflichem Gebiet (Prüfungsanforderung) und einige sexuelle Belastungen aus der Vergangenheit.

In der gleichen Stunde wird noch der Therapieplan festgelegt, der das ganze Schwergewicht auf die aktiv-klinischen Methoden legt.

Therapie und Ergebnis

Das autogene Training gelingt bei ihm überraschend schnell. In tiefer Entspannung übt er – nach gemeinsamer Besprechung – die folgenden Formeln:

„Ich ruhe sicher in mir selbst“

„Lesen und Denken freut und entspannt“

„Mich kann heute niemand verletzen“

Diese Formeln werden in zwei fremdhypnotischen Behandlungen vertieft, drei weitere Aussprachen über seine Lebenssituation und seine Selbstanalyse schließen sich an. In der letzten, der neunten Behandlungsstunde, ein halbes Jahr nach seinem ersten Besuch, lautet das Ergebnis:

beschwerdefrei – voll arbeitsfähig – Habilitation gesichert.

Er selbst sagt dazu: „Das verdanke ich dem autogenen Training und den Einsichten, die ich durch die Selbstanalyse gewonnen habe.“

Das vorstehende Beispiel ist das einer Selbstanalyse im Sinne einer Kennzeichnung von Arbeitsstörungen und Schwierigkeiten, ohne daß dahinter eine seelische Erkrankung im engeren Sinne dieses Wortes stand. Dieser Patient war daher zu einer äußerst straffen und vorwiegend intellektuellen Auseinandersetzung mit seinen Problemen fähig, die ausschlaggebend zu seiner Selbstheilung beitrug.

In offenkundigem Gegensatz dazu steht die folgende, stark gekürzte Lebens- und Krankheitsgeschichte einer – seit ihrer Kindheit – leidgeprüften Frau, die einer 40stündigen Einzelanalyse als Anleitung und Ergänzung zu ihrer ausführlichen Selbstanalyse bedurfte, ehe sie die unverarbeiteten seelischen Verletzungen und die verdrängten Affekte als Voraussetzung ihrer Genesung verarbeiten lernte.

Zweites Beispiel: Eine „ekklesiogen neurotische Depressive"

Bericht

Eine 37jährige Hausfrau berichtet eine Vielzahl von Beschwerden: „Seit zwei Jahren versuche ich nun schon vergeblich, das autogene Training zu lernen. Der Arzt, an den ich mich deshalb gewandt hatte, sagte immer ‚nur Schizophrene lernen es nicht', darum werde ich den Gedanken nicht los, daß ich schizophren bin. Vor allem aber habe ich Angst, daß ich Krebs habe. Meinem Vater, der jetzt 77 ist, mußten wegen Krebs beide Beine amputiert werden; seit Jahren pflege ich ihn, und wir rechnen seit über einem Jahr täglich mit seinem Ableben. Der Aufgabe bin ich nicht gewachsen. Seit wir vor zehn Jahren von seinem unheilbaren Leiden erfahren haben, denke ich auch, ich habe Krebs. Vor Angst bin ich jeden Monat wenigstens einmal zum Arzt gegangen, und vor zehn Monaten hat man tatsächlich bei mir Krebs festgestellt. Die linke Brust wurde mir abgenommen. Die Ärzte sagen auch, es wären keine Metastasen und ich sei jetzt gesund, aber ich glaube, sie haben mich nur nicht gründlich genug untersucht. Deshalb gehe ich immer wieder zu einem anderen Professor. Auch sonst habe ich unerträgliche Ängste. Ich habe Angst, mit der Bahn zu fahren, besonders wenn die Bahn oder der Bus um eine Ecke fährt. Seit vor vier Jahren mein damals siebenjähriger Junge von einem fremden Mann niedergeschlagen und im Gesicht erheblich verletzt wurde, habe ich vor fremden Männern und besonders bei Dunkelheit Angst. Der Mann wurde bei einer Gerichtsverhandlung zu Gefängnis verurteilt, aber davon bin ich die Angst nicht los. Mit am meisten bereitet mir Sorgen, daß ich seitdem immer nach links laufe und Angst habe, nach links zu fallen. Ich kann gar nicht mehr richtig geradeaus gehen. Bisher hat kein Arzt den Grund finden können. So kann ich nicht weiterleben. Ich bin völlig am Ende."

Befunde

Bei der Vielfalt der Beschwerden war eine umfassende Untersuchung erforderlich. Sie erübrigte sich nur auf körperlichem Gebiet, da noch aus jüngster Zeit Berichte namhafter Spezialisten vorlagen, die krankhafte Befunde ausschlossen.

Die feste Überzeugung, mit der sie von ihrem eigenen, noch immer bestehenden Krebsleiden sprach, ließ an eine wahnhafte „Karzinophobie" innerhalb des schizophrenen Formenkreises denken, doch wurde dieser Verdacht fallengelassen, weil ihre Ängste einerseits, durch ihre Erfahrungen begründet, einfühlbar erschienen und sie sich andererseits eingehender Beruhigung aufgeschlossen und zugänglich zeigte. (Nicht geklärt ist damit der Zusammenhang, der auch bei anderen Patienten auffiel, ob nämlich jahrelange intensive Krebsangst möglicherweise zur Krebsentstehung beitragen könnte. Medizinisch sind mir solche Erfahrungen nicht bekannt.)

Diagnose

Die Untersuchung ergab vor allem eine mittelschwere, eher agitierte Depression neurotischen (wie sich später herausstellte „ekklesiogen"-neurotischen) Ursprungs mit hypochondrischen Ideen, erheblichen sexuellen Hemmungen (z. B. hochgradiger Frigidität und entsprechenden Ehestörungen) sowie einer Fluchtneigung in den Alkohol. Die Patientin ist mittelbar suizidgefährdet.

Therapie

Therapeutisch wurde ihr zusätzlich zu der pharmakopsychiatrischen Behandlung (mit hohen Dosen Tofranil und etwas Librium) und zusätzlich zur Einzelanalyse (40 Stunden) nochmals je ein Kursus für autogenes Training und für Selbstanalyse angeraten, die sie anschließend vorbildlich gewissenhaft durchführte.

Verlauf der Behandlung

Pharmakopsychiatrisch hellte sich schon nach zehn Tagen die Stimmung auf, nach sechs Wochen waren das unvermittelte Weinen und das Morgentief fast verschwunden, nach einem Übergang der Therapie auf Laroxyl besserten sich die Ergebnisse noch weitergehend. Ihre Krebsfurcht verschwand.
Die neurotischen Beschwerden dagegen, einschließlich der ehelichen Situation, blieben zunächst unverändert. Die Selbstanalyse klärte die Gründe: (es folgen wenige der wichtigsten Sätze von den rund 30 engzeiligen DIN-A 4-Schreibmaschinenseiten, in denen die Namen geändert oder fortgelassen wurden.)

Selbstanalyse

„Am 12. Juni 1931 wurde ich in A. geboren, als drittes und letztes Kind. Ich war kein Wunschkind. Schon vor der Schulzeit kränkelte ich ständig und fiel durch meine Schüchternheit auf. Auf meinen Zeugnissen stand immer wieder: Liesbeth ist zu zaghaft, ihre Leistungen könnten durch größeres Selbstvertrauen wesentlich gesteigert werden."

„Ein furchtbares Erlebnis hat meine ganze Schulzeit überschattet: Am Anfang des zweiten Schuljahres mußte ich einmal ganz nötig auf die Toilette. Viel zu spät erst, als ich es fast nicht mehr aushalten konnte, wagte ich es, mich zu melden. Aber die Lehrerin erlaubte mir nicht, hinauszugehen. Kurz vor dem Läuten hielt ich es nicht mehr aus, es lief mir die Beine herunter, und auf der Erde bildete sich ein kleiner See. Die Kinder schrieen, und ich habe furchtbar geweint und wäre am liebsten im Erdboden versunken. Von da an hatte ich meinen Spitznamen weg. Die ganze Schulzeit hieß ich nur *„die Puschliesel"*. Dabei fällt mir ein, und das ist zugleich meine früheste Erinnerung überhaupt, daß mir mit vier Jahren etwas Ähnliches passierte: Ich war mit meiner Schwester in ein Kinderheim verschickt worden. Dort hatte ich furchtbares Heimweh. Es herrschten auch strenge Regeln dort. Um 16.00 Uhr wurden alle Haustüren verschlossen, damit wir nicht später auf der Straße oder in dem nahen Wald spielen sollten, aber auch die Toiletten waren in einem besonderen Gebäude auf dem Hof. Im Haus gab es nur eine Rinne im Keller für die kleinen Geschäfte. Ich mußte aber eines Abends unbedingt ein großes erledigen. Angstvoll vertraute ich mich schließlich meiner Schwester an, die mir riet, mich in dem Keller auf die Rinne in eine dunkle Ecke zu setzen, es würde schon niemand merken. Ich wurde aber doch entdeckt, und zur Strafe mußte ich barfuß in meinem Nachthemd eine halbe Stunde dort im dunklen Keller stehen. Das habe ich nie wieder vergessen. Als ich zehn Jahre alt war, wurde ich zusammen mit meiner Schwester mit der Schule evakuiert ins Erzgebirge. Da bin ich vor Heimweh fast gestorben. Meine Eltern mußten mich dann wieder nach Hause holen. Aber die Bombenangriffe waren weniger schlimm als das Heimweh. Um diese Zeit ist auch mein ältester Bruder, an dem ich sehr hing, in Rußland gefallen.

Aufgeklärt über die Monatsregel usw. hat mich meine Mutter überhaupt nicht. Ich weiß noch, als ich meine erste Menses bekam, hatte ich in der Nacht wahnsinnige Bauchschmerzen. Ich kroch in das Bett meines Vaters, weil ich es vor Schmerzen nicht aushalten konnte. Am Morgen, als ich auf die Toilette ging, sah ich mit Entsetzen, daß Blut im Becken war. Meine Schwester, die ins Bad kam, lachte und sagte, das wäre jetzt alle vier Wochen so, das bekämen alle Mädchen. Ich war damals 14 Jahre alt. Mit jeder Regel kamen nun die entsetzlichen Schmerzen.

Meine Mutter hielt es für angebracht, mich jetzt über *Männer* aufzuklären. Sie sagte: „Männer wollen immer nur das eine, und die Mädchen zahlen immer die Zeche". Sie nannte auch einige Beispiele aus ihrer Jugend. Da ich aus einer streng katholischen Familie stamme, war mir auch ganz klar, daß ich mich keinem Mann vor der Ehe hingeben würde. Von Liebe und Gefühlen war keine Rede.

Damals hatte ich eine Freundin, mit der ich ausmachte, daß wir uns niemals vor der Ehe hingeben würden. Als sie jedoch eines Tages eine neue Bekanntschaft machte und sich mit diesem Mann nach einiger Zeit einließ, machte mich das neugierig. Es war ihr ja nichts weiter passiert, was also sollte mir geschehen? Mich ritt der Teufel. Ich kannte damals einen jungen Mann, der mich sehr mochte und sogar heiraten wollte. Ich selbst fand ihn ganz nett. Mit ihm also hatte ich *meinen ersten Verkehr*. Ich war enttäuscht und entsetzt. Von Gefühlen meinerseits war überhaupt keine Rede. Schmerzhaft war es auch noch. Ich konnte die Leute nicht verstehen, die das schön fanden. Später lernte ich einen jungen Mann kennen, der ein ganz netter Kamerad war. Liebe war auf beiden Seiten nicht vorhanden. Ich dachte mir, das lag sicher an dem Mann, daß du damals nichts empfunden hast. Aber ich war wieder restlos enttäuscht, denn ich hatte keine Gefühle. Nun war also Schluß bei mir. Mit keinem wollte ich mich mehr einlassen.

Meine Freundin war indessen in anderen Umständen von ihrem Freund. Sie hat sich das Kind wegbringen lassen, denn geheiratet hat er sie nicht. Da habe ich gedacht, meine Mutter hat recht: Die Zeche zahlt wirklich das Mädchen. Ich war also ganz fest entschlossen. Im Sommer 1949 lernte ich dann meinen Mann in unserer Badeanstalt kennen. Von Liebe auf den ersten Blick war keine Spur. Wir haben uns oft getroffen, er war ein netter Kerl ... Das ging eine Weile sehr gut. Bis auch er mehr von mir wollte. Ich wollte aber auf keinen Fall. ... Ja, eingelassen habe ich mich dann doch mit ihm; warum? vielleicht, weil ich Angst hatte, ihn sonst zu verlieren. Ich habe von diesem Verkehr niemals etwas gehabt außer Schmerzen. Ich redete mir aber immer ein, es wird sicher anders werden ..."

„... An meinem *Gefühlsleben* hat sich auch später nie etwas geändert. Verkehr bedeutete für mich nur Angst und Schmerzen. Die wurden immer schlimmer, bis ich meine Zuflucht zum Alkohol nahm. Nur wenn ich vorher reichlich getrunken hatte, konnte ich ertragen, daß mein Mann zu mir kam. Ich habe dann auch Gefühle geäußert, obwohl gar keine da waren, weil ich Angst hatte, ich könnte meinen Mann verlieren. Aber auf die Dauer geht das nicht."

„Zu einer Freundin hatte ich Vertrauen und hatte ihr erzählt, wie es mir vor der Ehe ergangen war. Sie hat es aber meinem Mann weitererzählt. Seitdem wirft er mir das immer vor und sagt, ich hätte ja schon andere Männer gehabt, und da hätte es mir bestimmt Spaß gemacht ...

Auch zu einem Frauenarzt bin ich gegangen, aber der hat nur gesagt, er könne mir da auch nicht helfen ..."

„... Überhaupt kann ich die ständigen *Vorwürfe* nicht mehr hören, wo ich mir doch schon immer selbst an allem die Schuld gebe. Das ist besonders schlimm, seit ich damals als 15jährige, als die Russen in Berlin waren, aber die Geschäfte noch nicht auf waren, etwas Furchtbares erlebte. Ich sollte mit dem kleinen Mädchen unserer Nachbarin spazierengehen und auf sie aufpassen. Sie war ungefähr sechs Jahre alt, und ich nahm sie an die Hand. Da kam plötzlich ein Auto mit einem Russen und hielt an. Der Russe zeigte dem Mädchen ein großes Stück Schokolade, sie riß sich von meiner Hand los, und der Russe zog sie zu sich ins Auto und fuhr davon.

Ich lief weinend zu meiner Mutter, die mir furchtbare Vorwürfe machte. Gemeinsam mit der Nachbarin schimpften sie mich ganz entsetzlich aus, ich wäre nun an allem schuld. Sie schickten mich auf die Straße an die Stelle, wo die Kleine mitgenommen worden war. Da stand ich nun mit meiner Angst und Schuld mutterseelenallein über eine Stunde lang und dachte außerdem noch, mich würden die Russen auch noch holen. Ich beschloß, nicht mehr nach Hause zurückzukehren. Aber dann kam das Auto wieder, und der Russe setzte die Kleine unversehrt neben mir ab. Ich glaube, in diesem Augenblick bin ich erwachsen geworden."

Nach so vielfältigen und schweren *seelischen Verletzungen* während der Kindheit und Jugend sind die geschilderten neurotischen Beschwerden bis hin zu der immer häufiger und drängender auftretenden Neigung zum Selbstmord verständlich. Ganz allmählich besserten sich nun ihre Beschwerden in eineinhalb Jahren der (selbst-)analytischen Behandlung mit deutlich fortschreitender Minderung der Ängste – sie schilderte vorwiegend Platzangstzustände – und ihres Zwangsdenkens (besonders an ihre vermeintliche Krebserkrankung).

Rückfall

Dann aber stellten sich heftige Migräneanfälle ein. Vom gleichen Zeitpunkt an gelang auch das autogene Training nicht mehr, das ihr viel Erleichterung gebracht hatte. Sie hatte regelmäßig mit der Formel geübt: „Grübeln ist ganz gleichgültig" und hatte damit ihr Zwangsdenken beherrschen können. Nun fühlte sie sich neu davon belastet. Als nach drei Monaten der deutliche Rückschlag der zuvor günstigen Behandlungsergebnisse offenkundig von Dauer schien, suchte eine nochmalige genaue Zwischenanamnese zu klären: Was geschah vor drei Monaten? Das Ergebnis lautete ebenso bedeutsam wie für unsere Praxiserfahrungen typisch:

„Ich wollte meinem Mann und mir vor drei Monaten endlich die Angst vor der Schwangerschaft nehmen; denn wir hatten gerade angefangen, uns auch körperlich gut zu verstehen. Darum habe ich vor drei Monaten begonnen, regelmäßig und täglich *‚die Pille'* zu nehmen."

Die Patientin wurde genau über Empfängnisverhütung beraten und las zu Hause gemeinsam mit ihrem Mann in meinem Buch „Sexualerziehung" das Kapitel über diese Fragen. Sie ersetzt seither die Pille durch ein Occlusiv-Pessar und einen „Spray".

Ergebnis

Vierzehn Tage später berichtete sie, sie sei nicht nur von der Migräne, sondern auch von sämtlichen anderen Beschwerden frei und fühle sich zum ersten Mal in ihrem Leben völlig gesund und wohl.

Als Erhaltungsdosis nimmt die Patientin weiter eine Tablette Limbatril F allabendlich. Die uneingeschränkte Gesundheit bleibt (zwei Jahre nachbeobachtet) erhalten (L.-Nr. 12030).

Fragen zu Entwicklung und Lebenszeiten*

1. Entwicklung und Krisenzeiten

a) *Welches sind meine frühesten Kindheitserinnerungen?*

1. meine ersten Ängste: ....

....

2. meine schlimmsten Enttäuschungen: ....

....

3. meine schwersten Strafen: ....

....

4. meine Empfindungen, als ich mich das erste Mal ganz allein fühlte: ....

....

5. mein erster tiefer Kummer: ....

....

6. meine schrecklichsten Erfahrungen: ....

....

7. meine erste große Freude: ....

....

8. meine liebsten Spiele: ....

....

9. meine glücklichsten Erinnerungen: ....

....

b) *Wie sehe ich das Verhältnis zu meinen Eltern?*

1. Mein Vater: ....

wann geboren? .... sein Beruf? ....

seine Heimat? ....

seine Eltern? ....

seine Geschwister? ....

* Vgl. Vorbemerkungen oben S. 45.

seine Gesundheit? ....

seine Persönlichkeit? ....

seine Strafmethoden (streng – mittel – milde)? ....

seine Belohnungen? ....

Hatte ich Vertrauen zu ihm? ....

wann? ....

auf welchem Gebiet? ....

wann und warum verloren? ....

....

Wie eng waren meine Beziehungen zu ihm? ....

Wann und wodurch gestorben? ....

2. Meine Mutter: ....

wann geboren? .... War sie berufstätig? ....

in welcher Stellung? ....

wann und wie lange? ....

ihre Heimat? ....

ihre Eltern? ....

ihre Geschwister? ....

ihre Gesundheit? ....

ihre Persönlichkeit? ....

ihre Strafmethoden (streng – mittel – milde)? ....

ihre Belohnungen? ....

Hatte ich Vertrauen zu ihr? ....

wann? ....

auf welchem Gebiet? ....

wann und warum verloren? ....

....

Wie eng waren (und sind?) meine Beziehungen zu ihr?..........

Wann und wodurch gestorben? ....

Wen von beiden habe ich bevorzugt? ....

3. Die Ehe meiner Eltern: ....

gut – mittel – schlecht? ....

getrennt lebend?.......... ab wann?..........

geschieden? .... wann? ....

besondere Harmonie? ....

oder Disharmonie? ....

wann? ....

auf welchem Gebiet?..........

War ich Zeuge von Zärtlichkeiten zwischen ihnen? ....

wann? ....

welcher Art?..........

War ich Zeuge von Tätlichkeiten?..........

wann? .... welcher Art?..........

von Streit (häufig – gelegentlich – nie)? ....

von Meinungsverschiedenheiten? ....

von Gleichgültigkeit? ....

War die Ehe beeinträchtigt durch andere Menschen? ....

durch Trunksucht?.......... wodurch sonst?..........

Alter der Eltern bei meiner Geburt?........ Vater ....Jahre, Mutter ....Jahre

4. Meine Geschwister:

Als wievieltes Kind wurde ich geboren?..........

meine Brüder: ....

Geburtsjahr? .... Eigenarten? ....

....

Geburtsjahr? .... Eigenarten? ....

....

meine Schwestern: ....

Geburtsjahr? .... Eigenarten? ....

....

Geburtsjahr? .... Eigenarten? ....

....

Einfluß durch meine Geschwister? ....

Beziehungen zu meinen Geschwistern? ....

Fühlte ich mich bevorzugt? ....

benachteiligt? ....

Galt ich bei meinen Geschwistern als bevorzugt? ....

benachteiligt? ....

Bin ich als Einzelkind aufgewachsen? ....

absolut? .... relativ (Abstand von mehr als fünf Jahren)? ....

Habe ich darunter gelitten? ....

5. Sonderprobleme:
uneheliche Geburt? ....

mehrfache Ehe eines Elternteils? ....

Stiefvater? .... -mutter? .... -geschwister? ....

Schlüsselkind? ....

Adoptivkind? .... -geschwister? ....

Bei anderen Verwandten oder Bekannten aufgewachsen? ....

6. Familienleben:
ggf. mit wem? bis wann? nur im Urlaub? nur sonntags? ....

gemeinsame Mahlzeiten? ....

gemeinsame Spiele? (welche?) ....

gemeinsame Ausflüge? ....

gemeinsame Reisen (wohin?) ....

gemeinsamer Kirchgang? ....

Gestaltung gemeinsamer Feste? ....

....

gemeinsame Abende? .... (nur Fernsehen?) ....

gemeinsame Theater-, Kino- und andere Besuche? (welche?) ....

....

Wurden Freunde (Freundinnen) in die Familie aufgenommen? ....

wann? ....

in welcher Weise? ....

c) *Wie gestalteten sich der äußere Ablauf des Lebens und die Beziehungen zu anderen Personen und Ereignissen der Umwelt?*

1. Zum Lebenslauf

Geburtsort? ....

Umzüge? ....

Flucht? ....

besondere Kriegserinnerungen? ....

2. Kindergarten? ....

3. Schulbesuch? (Schulart?) ....

sonstige Ausbildung? ....

Verhältnis zu Lehrern? ....

Verhältnis zu Mitschülern? ....

Verhalten in der Schule? ....

4. Jugendgruppen? ....

5. Vereine? ....

Ziele: politische? .... religiöse? .... soziale? ....

....

Tätigkeiten: politisch? .... religiöse? .... soziale? ....

....

6. K a m e r a d s c h a f t e n ?
mit wem? ....

wie lange? ....

gemeinsame Erlebnisse? ....

wodurch beendet? ....

7. J u g e n d f r e u n d s c h a f t e n ?
mit wem? ....

wie lange? ....

gemeinsame Erlebnisse? ....

wodurch beendet? ....

8. F r e i z e i t b e s c h ä f t i g u n g e n ?
Bücher? .... Musik? .... Basteln? .... Sport? ....

....

andere und besondere Interessen? ....

d) *Wie erlebte ich die Entwicklung der Sexualität* ....

1. B i l d d e r E l t e r n ?
Bild des Vaters als Mann? ....

Bild der Mutter als Frau? ....

2. W e l c h e e r s t e n s e x u e l l e n R e g u n g e n e r i n n e r e i c h a u s f r ü h e r K i n d h e i t ? ....

3. W i e w u r d e i c h „a u f g e k l ä r t“ ? ....

4. M e i n e e r s t e n E r f a h r u n g e n m i t d e r W i r k l i c h k e i t d e s a n d e r e n G e s c h l e c h t s ? ....

Beobachtungen bei Eltern? ....

Wann geschah das? ....

Meine Reaktion darauf? ....

Geschwistern? ....

Exhibitionisten? ....

Versuche von Sittlichkeitsverbrechern? ....

unverstandene – verstandene – Beobachtungen des Geschlechtsverkehrs? ....

....

5. Sexuelle Spiele? ....

am eigenen Körper? ....

„homosexuell"? .... heterosexuell? ....

„Doktorspiele"? ....

Entdeckung des Lusterlebnisses? ....

Triebunsicherheit in Phantasie und Spiel? ....

sadistisch? .... masochistisch? .... anderer Art? ....

....

6. Wie erlebte ich die Pubertät? ....

äußere Erlebnisse der Geschlechtsreife:

Wachstum der Brüste? .... des Penis? ....

Behaarung? ....

sonstige Beobachtungen? ....

innere Erlebnisse dabei:

Minderwertigkeitsgefühle? ....

Spannungen? ....

oder welche Empfindungen sonst? ....

....

7. Erste Periode beim weiblichen Geschlecht? ....

wann? ....

Erste Pollution beim männlichen Geschlecht? ....

wann? ....

Wußte ich genügend darüber? ....

Erlebte ich Angst? ....

Sonstige negative Affekte? ....

Empfand ich Schmerzen? ....

Lust? ....

8. Selbstbefriedigung?

(besonders beim männlichen Geschlecht)? ....

Durch wen lernte ich die Möglichkeit? .... und wann? ....

....

Erlebte ich sie lustvoll? .... qualvoll? ....

Belast(et)en mich Schuldgefühle? .... Ängste? ....

Bin ich durch vergebliche Kämpfe entmutigt? ....

....

9. Wie gestalteten sich die ersten Ergebnisse meiner Sexualität? ....

erste Affektbeziehung zum anderen Geschlecht? .... wann? ....

....

Verehrung aus der Ferne? ....

Unglückliche Liebe? ....

Schüchternheit? ....

Störungen durch Eltern oder andere? ....

....

10. Erste körperliche Beziehungen? .... wann? ....

....

der erste Kuß? .... Petting? ....

sonstige sexuelle Berührungen? .... Spiele? ....

der erste Verkehr? ....

die äußeren Umstände dabei? ....

die inneren Empfindungen? ....

Verhalten des Partners? ....

„Nachgeschmack"? ....

Häufigkeit der Wiederholung? ....

Häufigkeit des Partnerwechsels? ....

Such(t)e ich Mittel und Wege der erotisch-sexuellen Reizsteigerung? ....

z. B. als Hilfsmittel bei der Onanie? ....

als Ersatzbefriedigung? ....

durch Bilder? .... Bücher? ....

durch Filme? .... Gespräche? ....

in Phantasien? ....

oder wie sonst? ....

....

e) *Welche Einwirkungen hatten körperliche und seelische Erkrankungen auf mein Leben?*

1. Im Kleinkindalter bis zu 6 Jahren:

Kinderkrankheiten? .... Rachitis? ....

Krämpfe? ....

Sauberkeitsgewöhnung mit .... Jahren

Bettnässen? ....

Daumenlutschen? .... Nägelknabbern? ....

nächtliches Aufschrecken? ....

sonstige nervöse und psychische Auffälligkeiten? ....

(zu ängstlich – still – störend?) ....

....

2. In der Schulkindzeit bis zur Pubertät:

im Verhältnis zur Norm der Klasse? ....

(größer – Durchschnitt – kleiner?) ....

Schulleistungen (sehr gut – gut – mittel – eben mitgekommen – sitzengeblieben)? ....

innere Lösung vom Elternhaus (gar nicht – mit/ohne Komplikationen – freundschaftlich)? ....

Jugendverstimmungen (Weltschmerz, Liebeskummer)? ....

....

3. Nach der Pubertätszeit:

Schlaf (gut – mittel – gestört – tief – flach – schlechtes Einschlafen – nachts öfter – früh aufwachen – Medikamente)? ....

....

Träume (Alpdruck – Angst – aufregende – nicht/gut erinnerlich)? ....

Appetit (gut – mittel – schlecht – Änderung seit .... – Gewichtsverlust: ja/nein? wieviel? .... seit wann? ....)?

Verdauung (gut – regelmäßig – mittel – schlecht – oft/ständig obstipiert – Medikamente)? ....

....

Herzbeschwerden (ja/nein? welcher Art?)? ....

Kreislaufbeschwerden (ja/nein? welcher Art?)? ....

(Angst – Erröten – Schwitzen – Stottern – Zittern – Zuckungen – sonst nervös – leicht aufgeregt)? ....

(Asthma – Ekzem – Nesselsucht – Migräne – Ohnmachten – wetterfühlig – leicht ermüdbar – erschöpft)?

....

Kopfschmerzen (wo? .... wann?)? ....

Nervenschmerzen? – Schwindel? ....

Regelmäßiger Medikamentenverbrauch: Art? ....

Menge? ....

Verdacht auf körperliche oder seelische Abhängigkeit? ....

Regelmäßige Rauschgifteinnahme: Art(en)? ....

Menge(n)? ....

körperliche oder seelische Abhängigkeit? ....

Kopfverletzungen? ....

Nervenkrankheiten? ....

Anfälle? ....

krankheitsfürchtig? ....

körperlich empfindlich (Schmerz)? ....

Rente? .... seit: .... wegen? ....

erstrebt: ....

4. Zu irgendeiner Zeit im Leben: ....

allgemeine Gesundheit? ....

Krankheiten? ....

Unfälle? ....

Krankenhausaufenthalte? (Zeit: .... Ort: ....

Art des Hauses: ....

Diagnose: ....)

Schicksalsschläge? ....

....

2. Lebenskreise

a) *Welche Probleme ergeben sich aus meinem Beruf?*

1. Tätigkeit: erzwungen? ....

Werdegang (Prüfungen): (von wem?) ....

.... not-, situationsbedingt? ....

frei gewählt? .... angeraten? ....

lästig? ....
erfolgreich? ....
überfordert? ....
nicht ausgelastet? ....

2. Grund der Arbeit:
nur Gelderwerb? ....
Pflicht? ....
Freude? ....
„Berufung?" ....

3. Menge der Arbeit:
überlastet? ....
reichlich? ....
mittel? ....
wenig? ....

4. Einstellung dazu:
fleißig? ....
mittel? ....
bequem? ....

5. Beziehungen zu Vorgesetzten:
gut? ....
mittel? ....
schlecht? ....
(Gründe?) ....

6. Beziehung zu Kollegen:
gut? ....
mittel? ....
schlecht? ....
(Gründe?) ....

7. Dauer der Tätigkeit:
Wie lange habe ich die gegenwärtige Stelle inne? ....
Wie lange blieb ich früher durchschnittlich in einer Stelle? ....
Wünsche ich meinen Beruf zu wechseln? ....
Wünsche ich meine Stelle zu wechseln? ....

8. Anpassungs- und Durchsetzungsvermögen:
Kann ich mich durchsetzen (ja – mittel – schlecht – nein)?
Kann ich gehorchen? ....
Kann ich mich verteidigen? ....
Kann ich befehlen? ....
Kann ich nein sagen? ....
Neige ich zum Widersprechen (ja – gelegentlich – nein)?
Bin ich zu abhängig von der Meinung anderer? ....
Ist mein Selbstwertgefühl übersteigert? (geltungsbedürftig?)
....
Ist mein Selbstwertgefühl gesund? (angemessen?) ....
Ist mein Selbstwertgefühl gering? (Minderwertigkeitsgefühle?) ....

b) *Wie verbringe ich meine Freizeit?*

1. Ausmaß? (zuviel – angemessen – zu wenig – oft „langweilig"?) ....
Fähigkeit zur Muße (vorhanden – gelegentlich – erschwert – fehlt)? ....
Fähigkeit zum Nichtstun (Erholung, Urlaub, „Abschalten")? ....

2. Lieblingsbeschäftigungen? ....
Sonstige Liebhabereien? ....

3. Sport:

aktiv (regelmäßig – gelegentlich – nie)? ....

zuschauend? ....

Toto wettend? ....

Lotto wettend? ....

sonstige Spiele? ....

4. Rauchen:
Menge der letzten Woche? ....
sonstiger Durchschnitt? ....
Möchte ich mir das Rauchen abgewöhnen (dringend – wenn möglich – nein)?

Alkoholische Getränke:
Menge und Art der letzten Woche? ....
sonstiger Durchschnitt? ....
Möchte ich mir das Trinken abgewöhnen? ....

5. Bereitet mir das Essen besondere Freude („Feinschmecker") (ja – mittel – nein)?

Lege ich mir Nahrungsbeschränkung auf (Fasten – Vegetarier – Rohköstler)? ....

Warum? ....

c) *Wie stelle ich mich zum Geld ein?*

Verfüge ich über die Fähigkeit

Geld zu verdienen (gut – mittel – gering)? ....

Geld auszugeben? ....

Geld zu sparen? ....

Bezahlung zu fordern? ....

Schulden zu machen? ....

zu Ratenkäufen? ....

Halte ich mich für geizig – sparsam – mittel – großzügig – verschwenderisch?

d) *Verlaufen Kontakt, Freundschaft und Liebe ungehemmt?*

Kontaktfähigkeit: ungehindert? ....

mittel? ....

etwas schüchtern? ....

krankhaft gehemmt? ....

Kontaktbedürfnis:	befriedigt? ....
	nicht voll befriedigt? ....
	unbefriedigt? ....
Einsamkeit:	erwünscht? ....
	gelegentlich angenehm? ....
	oft qualvoll? ....
	Hauptproblem? ....
Freundschaft:	mit wem? .... seit wann? ....
	Konflikte? .... warum? ....
	Verlauf? ....
	....
Liebesbeziehungen:	mit wem? ....
	seit wann? ....
	wie tief? ....
	wie weit? ....
	Konflikte? ....
	Störungen? ....
	Krankheitszeichen dabei? ....
	....
Sonstige Konflikte?	mit wem? (Familie?) ....
	warum? .... Verlauf? ....
	....
	....
	....
	....
	....
	....

e) *Wie bewältige ich mein Leben?*

Empfinde ich

Angst	wie stark?	wie oft?	wie lange?	warum?

....

(begründet: Furcht)* ....

unbegründete Angstgefühle*: ....

Leid (begründet)*: ....

unbegründetes Leid (Depression)*: ....

Schuldgefühle (begründet)*: ....

unbegründet (depressiv)*: ....

....

Ist mir jeweils eine Überwindung unmöglich? ....

schwer? ....

selten? ....

Gelingt sie gelegentlich? ....

meist? ....

immer? ....

leicht? ....

* Bei jeder Empfindung die genannten vier Fragen bedenken und beantworten!

III. Die Aufgabe von der Lebensbilanz und ihrem befreienden Ausblick

(Die Auswirkung der bionomen Zukunftssynthese)

Rechenschaft und Richtung in der Selbstanalyse

Hinwenden zur Gegenwart und Bereinigen der Konflikte!

Der „Januskopf" der Psychotherapie

Im Juli 1954 besuchte ich in einem Vorort von Stockholm den greisen und weisen Meister der Psychoanalyse POUL BJERRE. In spanischem Stil hatte er seinen Landsitz gestaltet, und in dem weiten Park verstreut standen die Statuen, von denen der Arzt und Bildhauer berichtete: „Ehe ich ein Buch schreiben kann, muß ich es zuvor in Stein meißeln; und wie sich die Charakterzüge im Antlitz zugleich prägen und glätten, so reift in mir das Menschenbild des Buches, das ich schreibe. Wenn dann der letzte Hammerschlag ausklingt, dann ist für mich das Buch fertiggestellt; ich brauche es nur noch zu schreiben."

So betrachteten wir sein berühmtes Werk „Das Träumen als Heilungsweg der Seele" und verweilten dann vor einem Januskopf, den mir BJERRE erklärte: „Das ist mein Buch ‚Angst und Geborgenheit'. Zwei Gesichter trägt dieser Kopf; voll Angst und Grübeln, von Leid und Verzweiflung zerfurcht, ist das eine der Vergangenheit zugewendet. Geborgenheit, Hoffnung und Zuversicht strahlt das andere aus, das den Blick vertrauend in die Zukunft richtet."

Nicht nur sein Bildwerk und sein Buch, sondern auch den Januskopf der Psychotherapie und der Selbstanalyse hatte er damit gekennzeichnet. Nicht beim Schauen nach rückwärts darf der Blick verweilen. Gewiß – Vertreter strenger Psychoanalyse sind überzeugt:

Die Beschäftigung mit der Vergangenheit klärt automatisch die Situation der Gegenwart und die Aufgaben der Zukunft; deshalb schließt auch richtige Psychoanalyse eine „Psychosynthese" ein.

Der italienische Prof. ASSAGIOLI in Florenz ist mit seiner weltweiten Gesellschaft für Psychosynthese dagegen überzeugt, die Hinwendung zu Gegenwart und Zukunft müsse ausdrücklich und bewußt – möglichst in Verbindung mit den letzten Wert- und Sinnfragen – als ärztliche Aufgabe geschehen. Er knüpft damit an ALFRED ADLER und seinen großen Berliner Schüler FRITZ KÜNKEL an. Beide hatten der psychoanalytischen Grundfrage FREUDS nach dem „Warum" einer Handlungsweise oder Haltung, also nach der kausalen Beziehung die Frage nach dem „Wozu“, nach dem Ziel und Zweck, gegenübergestellt und damit schon früher den Blick in die Zukunft gewendet.

In Wahrheit geht es jedoch nicht um ein Entweder-Oder, mit dem die eine oder die andere Theorie als richtig oder gültig zu bezeichnen ist, sondern vielmehr um die Frage nach dem „Wann“: Zu welchem Zeitpunkt sollte die psychoanalytische Behandlung und damit auch die Selbstanalyse den Blick von der Vergangenheit fort auf Gegenwart und Zukunft richten?

Die Beschäftigung mit der Vergangenheit erscheint so lange als sinnvoll, wie

a) der Patient das Bedürfnis danach hat und diese Form der „Analyse“ fruchtbringend verläuft,
b) die Krankheitssymptome, die offenbar in der „unbewältigten“ Vergangenheit wurzeln, noch nicht gewichen sind,
c) der Patient die Beschäftigung mit der Vergangenheit nicht benutzt, um der Gegenwart bzw. Zukunft mit ihren Aufgaben zu entfliehen.

Die Klärung der Vergangenheit durch Psychoanalyse oder Selbstanalyse erreicht aber schließlich einen Grad der Klarheit, in dem die Übersicht über Krankheitssymptome, Schwierigkeiten und Beschwerden hinführt zu einer inneren Harmonie, Selbstbejahung und Rechenschaft.

Eine solche vertiefte Selbsterkenntnis und Einsicht in den Ablauf und, wenn möglich, gar in den Sinn der bisherigen Lebensgeschichte schließt das Bemühen um eine sachliche Einschätzung der eigenen Fähigkeiten, Neigungen, der Anforderungen und Aufgaben ein, aber auch die Bereitschaft, die eigenen Schwächen und Fehler zu erkennen und an der Überwindung zielstrebig zu arbeiten.

Bereinigen der Konflikte

Ohnehin beschäftigt sich ein Patient in seiner Analyse keineswegs von Anfang an und ausschließlich mit seinen früheren Erlebnissen.

Eine alte Erfahrung der Psychoanalyse lehrt, wie erfolglos das Bemühen um eine Klärung der Vergangenheit, ein Verarbeiten tiefenseelischer Verletzungen, ein Eindringen in die frühkindliche oder spätere Intimsphäre der Persönlichkeit bleiben muß, solange gegenwärtige Konfliktbelastungen die Aufmerksamkeit und seelische Tragkraft in Anspruch nehmen.

In der Psychoanalyse und, soweit als möglich, auch in der Selbstanalyse erfolgt die Hinwendung zur Gegenwart dann in der Auseinandersetzung mit dem Analytiker.

Gegenwartskonflikte betreffen fast immer die Affektbeziehungen zu den nächsten Angehörigen, dem Liebes- und Ehepartner, die Eltern und Kinder, weit seltener schon Berufsfragen, politische, wirtschaftliche, soziale, gesundheitliche und juristische Probleme (vgl. S. 17 f.). Nicht zu übersehen sind die ebenso häufigen wie meist tief verborgenen religiösen Konflikte, die Gewissensbelastungen, echte Schuldgefühle und jene Lebens- oder Todesängste, die gern und gründlich verdrängt werden.

Die Selbstanalyse steht auch hier vor der Aufgabe einer heilsamen, absoluten Ehrlichkeit vor sich selbst, die erleichternd wirkt durch die Methoden des autogenen Trainings in der Unter- und Oberstufe mit den formelhaften Vorsatzbildungen und den Fragen zur vertieften Selbsterkenntnis:

Was belastet mich eigentlich?
Wovor habe ich Angst?
Was sollte ich eigentlich tun?
Was mache ich falsch? usw.

An dieser Stelle ist es nicht möglich, alle Konfliktmöglichkeiten zu nennen, geschweige denn, Wege zu ihrer Lösung zu weisen. Selbstanalyse ist auch weder ein Zaubermittel zu konfliktfreiem Leben, noch ein buddhistisch-mystisches erhabenes Sich-Entrückt-Fühlen über alle irdischen Bedrängnisse, noch ein Allheilmittel für seelische Erkrankungen.

In jedem einzelnen seiner Bereiche aber ist das Bewältigen der Gegenwart nicht ein Geschenk, das dem Müßiggänger mühelos in den Schoß fällt, sondern es ist die Frucht eines unermüdlichen Ringens und Strebens, das als Aufgabe vor uns allen steht, die anzugreifen sich lohnt.

Selbstanalyse heißt dann, die gegenwärtige Konfliktsituation in aller Klarheit zu erkennen und die verschiedenen Lösungsmöglichkeiten sorgsam gegeneinander abzuwägen. Schriftliche Aufzeichnungen, die möglichst gerade das *Für* und *Wider einander gegenüberstellen,* lassen dann häufig die notwendigen Entschlüsse reifen (vgl. unten S. 139).

In unserer Ärztlichen Lebensmüdenbetreuung hat ein Computer die ersten 10 000 Krankengeschichten ausgewertet und dabei einen *Überblick* vermittelt *über die statistische Häufigkeit der einzelnen Konfliktarten,* die er erstmals auch zu den verschiedenen Altersgruppen in Beziehung setzte. Eine genaue Auswertung wurde an anderen Stellen vorgenommen (THOMAS 1968, 1970 c, 1970 d). Hier folgen nur wenige Ergebnisse mit einigen belegenden Beispielen[17].

Die Hauptkonfliktgruppe zeigt mit 53% – vielfältig miteinander verwoben – *Liebes-, Ehe- und Sexualkonflikte,* zu je 17,9, 25,9 und 9,3%. Zweifellos leidet die Mehrzahl der Menschen, die eine Selbstanalyse vornehmen, unter

[17] Wissenschaftlich wichtig, besonders für die Diagnose, ist das Abwägen der Schwere des Konfliktes im Vergleich zu anderen Schwierigkeiten und besonders zu den seelischen Erkrankungen.

Konflikten oder mindestens Schwierigkeiten auf diesem Gebiet. Ihre Zahl ist so hoch und ihre Eigenart so verschieden, daß eine gesonderte Monographie erforderlich war, um sie gründlich genug zu behandeln (vgl. THOMAS 1970 b).

Nicht einmal die verschiedenen Untergruppen lassen sich hier ausreichend vollständig aufführen, obwohl jede einzelne Grund zu einer sorgfältigen Selbstprüfung und oft genug einer entsprechenden Darstellung gibt; z. B. Homosexualität, sonstige Perversionen, Onanieskrupel mit je rund 2%, die Sonderprobleme der sogenannten „ekklesiogenen Neurosen" mit der leibesfeindlichen pseudochristlichen Erziehung und den zusätzlichen Aufgaben der Seelsorge 7%.

Als weitere Konfliktgruppen fanden wir Familienstreit, Alkohol- und neuerdings häufig Drogenabhängigkeit, berufliche Schwierigkeiten, juristische Anliegen, finanzielle und soziale Probleme, einfühlbare, also im gesunden Bereich liegende Ängste, Schuldgefühle, Leid und Schicksalsschläge, körperliche Erkrankungen und religiöse Fragen.

Mit mehrfachen Überschneidungen und gemeinsamem Auftreten waren diese Konfliktgruppen unter unseren Ratsuchenden zu je rund 5% vertreten. Hier sind diese Gruppen jedoch nicht aufgezählt, um einen statistischen Überblick über einen Patientenkreis zu vermitteln, sondern um zu selbstanalytischen Fragen anzuregen:

Welche Konflikte im Bereich von Sexualität (mit ihren Untergruppen), von Familie, Alkohol, Drogen, Beruf usw. haben mein Leben beeinträchtigt oder belasten mich noch heute?

Welche Lösungsmöglichkeiten für diese Konflikte bieten sich an?

Welche können in zähem Ringen geduldig und schrittweise einer Lösung näher gebracht werden (z. B. bei der Erziehung eines schwierigen Kindes)?

Welche sind tapfer mit dem berühmten Zerschlagen des gordischen Knotens anzugehen (z. B. mit der Kündigung eines unerträglichen Arbeits- oder Mietsverhältnisses)?

Welche verlangen eine Entscheidung mit einem sorgfältigen schriftlichen Abwägen der Gründe und Gegengründe (z. B. sollte ich das Studium wechseln? die Freundschafts- oder Liebesbindung aufgeben?)?

Welche Konflikte sind ihrer Eigenart nach unlösbar (z. B. „niemand kann zwei Herren dienen"; niemand gleichzeitig an zwei verschiedenen Orten sein!)?

Welche Konfliktgründe sind dann mutig aus dem Leben auszumerzen (z. B. unerreichbar hohe Berufsziele)?

Welche müssen nicht minder tapfer als Lebenslast getragen und als übermächtiges Schicksal hingenommen werden (z. B. für manche Menschen Einsamkeit, manche Arten von Siechtum, Verkrüppelung oder Krankheit)?

Entscheiden für das Wichtigste und kritisches Auskaufen der Zeit!

Entscheidungen fällen

Wer seine Gegenwartslage nüchtern beurteilt, erkennt häufig, zu welchen Entscheidungen sie herausfordert. Schon die Frage, womit wir unsere Zeit zubringen, verlangt – mit den Ausnahmen der beruflichen Zwangssituation und der eindeutigen Alltagspflichten – ständig neue Entschlüsse.
Als ein Wesenskennzeichen und zugleich als eine Grundlage neurotischer Erkrankungen war (oben S. 35 ff.) die Ambivalenzhaltung beschrieben, also die Entscheidungsunfähigkeit und der Zwiespalt der Strebungen in dem ungelösten Konflikt zwischen dem Einerseits und Andererseits.
Im Gegensatz dazu vermag die gesunde und reife Persönlichkeit klare Urteile und Entscheidungen zu treffen. Die wichtigste Voraussetzung dafür aber bildet ein eindeutiger Maßstab für die Werte und für die daraus folgenden Aufgaben und Pflichten (vgl. unten S. 130 ff.).
Noch vor der unentbehrlichen Antwort auf die Grundfrage nach der Wertordnung hilft oft die bewußte Überlegung weiter:
Was ist im Augenblick das Wichtigste? Wer sich z. B. die andrängenden Pflichten auf einer Liste übersichtlich aufzeichnet, wird sie ohne weiteres mit Ziffern der Rangordnung und Dringlichkeit versehen können. Danach muß auch der Willensschwache und Träge lernen und üben, solche Erkenntnisse in die Tat umzusetzen, d. h. die wichtigsten Aufgaben unverzüglich anzupacken und bis zum Abschluß durchzuführen. Pausen dürfen dabei nicht länger dauern als zur Erholung oder durch zwingende Unterbrechung notwendig ist. Eine solche Regel mag nur durchbrochen werden, wenn zu langes Verweilen bei der gleichen Aufgabe über Gebühr ermüdet, so daß eine sinnvolle Abwechslung der Arbeiten die Leistungsfähigkeit erhöht. Solche Erfahrungen widersprechen keineswegs dem erwähnten Arbeitsplan mit seiner Rangordnung der Pflichten.

Zeit kritisch einteilen

Wer seine Gegenwart bewältigen will, muß sich nicht nur entscheiden lernen, sondern auch die Voraussetzung dazu beherzigen, nämlich seine Werte klar ordnen und seine Zeit sinnvoll einteilen. Diese Kunst ist wenig verbreitet und sicher erlernbar. Ihr Fehlen ist durch ein Schlagwort von vermeintlicher oder wirklicher Willensschwäche nur unzureichend geklärt. Willensschwäche kann und soll gerade Anlaß zu verstärkten, möglichst übenden Bemühungen werden, diesen Mangel durch doppelte Anstrengung auszugleichen, ähnlich wie versehrte Sportler oft zu erstaunlichen Leistungen fähig sind.

Oft kann auch ein noch mangelnder eigener Wille wenigstens teilweise ausgeglichen und ersetzt werden durch einen heilsamen äußeren Zwang; mag er sich durch feste Dienststunden und streng geregelte Berufspflichten ergeben, mag er durch die wohlmeinende Aufsicht kundiger und hilfreicher Vertrauenspersonen vermittelt werden.

Zeit ist Zeiteinteilung. Studenten, freiberufliche Schriftsteller und Wissenschaftler müssen häufig ihre Zeit selbst einteilen. Das gehört zu der Würde und der Bürde ihres Berufes; das zeichnet den selbstverantwortlichen, freien Charakter mit seinen zusätzlichen Pflichten aus vor dem mehr abhängigen Arbeitnehmer, der mit seiner Leistung – nicht in des Wortes ursprünglichem Sinn – etwa als minder-wertig, sondern als andersartig anzusehen ist. Berufliche Freiheit und Selbstverantwortung kann nur der erreichen, der zuvor in der heute meist verpönten strengen Selbstzucht Pflichten zu erfüllen gelernt hat.

Wer freilich nur allzu unzulänglich fordert, auch junge Menschen sollten ihre Zeit selbstverantwortlich einteilen, ohne daß er zugleich ein Mindestmaß an praktisch brauchbarer Anleitung dafür vermittelt, der überlastet und entmutigt, denn: Wer seine Zeit vergeudet, beeinträchtigt die Arbeitsfreude und erlebt auch keinen oder nur verspäteten Erfolg.

Nur wenige praktische Ratschläge seien zusammengefaßt:[18]

Kurzfristige Zeitpläne sollten den Tagesablauf regeln; meist läßt sich die morgendliche Zeit höchster Leistungsfähigkeit zwischen dem Aufstehen und dem Arbeitsbeginn weit besser nutzen als durch langwierige Ankleidezeremonien und eine ausgedehnte Frühstücksmahlzeit. Morgens ein kurzes Kaffeetrinken und ein Frühstück erst nach der ersten Arbeitsermüdung bedeutet für die Mehrzahl der Geistesarbeiter ein wesentlich sinnvolleres Ausnutzen der Zeit.

Arbeit, kürzere und längere Erholungspausen und wirkliche Freizeit aufeinander abzustimmen, so daß die höchste Leistungsfähigkeit (fast immer in den Vormittagsstunden) zusammentrifft mit den höchsten Anforderungen, das ist eine unter vielen Aufgaben der Arbeitstechnik und Organisation.

Zur fruchtbringenden Einteilung der Arbeitszeit muß – zumal in unserer Zeit fortschreitender Arbeitszeitverkürzung – eine nicht minder sinnvolle *Freizeitgestaltung* treten. Zum Wesen des Lebens mit seinem rhythmischen Wechsel von Spannung und Entspannung gehört ebenso notwendig die gelöste Atmosphäre einer Freiheit von allen Pflichten, die unbekümmerte Fröhlichkeit heiter-ausgelassenen Spieles wie das behutsame Meiden sinnloser Zeitvergeudung. Stammtischgelage mit übermäßig ausgedehntem

---

[18] Hier ist nicht zu wiederholen, was ausführlich behandelt und inzwischen zum Druck vorbereitet wurde (Thomas 1972).

Kartenspiel, Fernsehberieselung oder Zeitschriftenbeschau, während dringende Pflichten rufen, unterscheiden sich meist erheblich von wirklicher Entspannung, z. B. der Erholung an frischer Luft, die dem Menschen neue Kräfte zuführt.

Zu wenig bekannt und gepflegt sind heute jene Kraftquellen des Wanderns, echter Naturerlebnisse, der Musik, geistig anregender und fruchtbarer Gespräche. Eine ungezwungene Geselligkeit im Kreis von Gleichgesinnten führt zu einem Gemeinschaftserleben, das um so nachhaltiger tiefe Freude bewirkt, als verbindende Interessen dabei gepflegt werden. Sie lassen sich über die bloße wirtschaftliche oder berufliche Ebene hinaus zu einer Gemeinschaft des Erlebens gleicher Werte von Wissenschaft, Kunst und vor allem Religion vertiefen.

Beispiel einer Selbstanalyse für das Bewältigen der Gegenwart

Ein 32jähriger Diplomingenieur klagt über Erschöpfungszustände, Kontaktschwierigkeiten („ich bin Junggeselle und habe noch nie eine richtige Freundin gehabt"). Vor allem aber wirkt sich ein verlangsamtes, zurückhaltendes Wesen auf seine beruflichen Leistungen so negativ aus, daß er eine Kündigung befürchtet.

Diagnose und Pharmakotherapie

Er bietet die Symptome einer schweren, gehemmten Depression und ist so offenkundig selbstmordgefährdet, daß zunächst eine antidepressive Kur mit Saroten eingeleitet und mit sehr gutem Ergebnis in sieben Wochen zu Ende geführt wird. (Während der folgenden zwei Jahre treten noch dreimal kurzdauernde Rückfälle ein, immer wenn er die Erhaltungsdosis von zwei Tabletten zu besorgen oder einzunehmen versäumt hat.)

Eine Bescheinigung für den Arbeitgeber bewahrt ihn bis zur deutlich gebesserten Arbeitsfähigkeit vor der Entlassung.

Psychotherapie und Traumverständnis

Bedrückungszustände mit schweren Alpträumen halten jedoch auch nach der antidepressiven Kur an, ebenso wie die Neigung zu Selbstmordhandlungen, so daß eine psychotherapeutische, vorwiegend selbstanalytische Klärung einer möglicherweise tieferen Konfliktsituation erforderlich ist.

Sein erster Traum lautet:

„Eine ältere Frau war anwesend; ich sollte etwas in einem Glas anfertigen, hatte aber große Schwierigkeiten dabei, die ich erst nach langen Bemühungen überwand."

Auch einige seiner späteren Träume bleiben ihm zunächst unverständlich:

„Mehrere Personen schaukelten auf Schaukeln. Ich bremste meine Schaukel ab. Als die andern ausstiegen, waren sie über und über mit Schweiß bedeckt."

Erst nach vier Monaten berichtet er – nach mehreren ebenso unklaren Träumen einen weiteren, der ihm Anlaß und Mut gibt, schließlich seinen Grundkonflikt aufzuschreiben und mitzuteilen:

Der Traum lautet: „Ich bin im Kampf mit einem Menschen. Mit Scheren und spitzen Gegenständen versucht er, mich zu erstechen. Wir bewohnen zwei Zimmer. Ich muß ihn dauernd beobachten, um nicht von ihm getötet zu werden."

Nun wagt er erstmals, auf die Fragen zu diesem Traum offen zu antworten:

„Was fällt Ihnen ein zu ‚zwei Zimmer'?" Antwort: „Gar nichts".

„Wieviel Zimmer bewohnen Sie denn?"

„Ein einziges."

„Wieviel Zimmer hat denn die ganze Wohnung?"

Antwort: „Vier."

„Wer wohnt denn in den anderen Zimmern?"

Antwort: „Meine Wirtin mit ihrer Tochter (Gedanke des Therapeuten: also zwei Frauen-Zimmer) und ein persischer Arzt."

Mühsames weiteres Fragen ermittelt: Der persische Arzt, der sein Nebenzimmer bewohnt, ist mit der Tochter der Wirtin verlobt. Er selbst aber fühlt sich ebenfalls von dieser Tochter angezogen, die ihm gelegentlich recht freundlich begegnet. Um so weniger kann er ertragen, durch die dünne Wand (mit einer verschlossenen Tür) des Nachts Geräusche wie von einer Schaukel zu hören. Von seinem Nebenbuhler fühlt er sich „ausgestochen".

Seine ursprüngliche Angabe, er habe noch niemals eine „richtige" Freundin gehabt, entspricht zwar der Wahrheit, hatte jedoch eine Einschränkung ausgelassen, auf die der erste Traum deutlich hinweist: bei der älteren Frau handelt es sich nämlich um seine 64jährige Wirtin, die ihn auch des Nachts häufig in seinem Zimmer zu besuchen pflegte. Der Geschlechtsverkehr zwischen beiden spielte sich (überflüssigerweise) als „Coitus condomatosus" ab, bei dem es ihm unter verständlichen Impotenzschwierigkeiten oft nur mühsam gelingt, das „Glas", den Kondom, zu füllen.

In dieser Konfliktsituation bedarf der Patient umfassender therapeutischer Maßnahmen: Er erhält Medikamente und nimmt an je einem Kursus für Unter- und Oberstufe des autogenen Trainings sowie an einem Kursus für schriftliche Selbstanalyse und vier Monate hindurch an einer analytischen Gruppentherapie teil, während derer er Beziehungen zu einer gastweise teilnehmenden Psychologin anknüpft. Von da an bleiben seine depressiven Beschwerden verschwunden.

In sechs hypnotischen Behandlungen (durch autogenes Training verstärkt) übt er Monate hindurch die Formel „ich schaffe im Beruf ganz männlich, mutig, schnell".

Nach einem Jahr wird er zum Abteilungsleiter befördert und nach zwei weiteren Jahren zum Vertreter des Firmenchefs seiner Zweigstelle ernannt.

Innerhalb von fünf Jahren war er (einschließlich von sieben Stunden Gruppentherapie, aber ausschließlich der 21 Stunden autogenen Trainings) insgesamt 51mal zu einer ³/₄stündigen Behandlung erschienen. Die sehr guten Ergebnisse zeichnen sich stufenweise ab. Nach sechs Wochen sind die meisten depressiven Beschwerden behoben; nach einem Jahr beginnt ein deutlicher beruflicher Aufstieg; nach zwei Jahren kann er mit einem Umzug die unerfüllten belastenden Bindungen zu den beiden ungeeigneten Partnerinnen aufgeben und eine erfüllende, ihn beglückende Beziehung anknüpfen (zum Zeitpunkt des Berichtes, zwei Jahre nach Abschluß der Behandlung ist er verheiratet und Vater eines gesunden Jungen).

Der letzte Traum, den er ein Jahr vor Abschluß der Behandlung mitbringt, lautet:

„Auf meinem Balkon entdeckte ich einen Buchfinken. Ich konnte genau die Farben seines Kleides erkennen, da er nicht einmal wegflog, als ich dicht an die Fensterscheibe trat.

Als ich die Balkontür öffnete, stand eine alte Ente davor, die nach mir biß. So mußte ich mit großer Gewalt die untere Schnabelhälfte herunterdrücken, um nicht verletzt zu werden. Endlich gelang es mir, mich zu befreien.

Dann kam ein Hahn auf den Balkon. Ich wollte die Tür schließen, damit er nicht in das Zimmer käme. Er klemmte jedoch ein Bein zwischen die Tür, und es entspann sich ein langer Kampf. Obwohl er mich nicht besiegen konnte, verließ ich das Zimmer und traf draußen den wunderhübschen Finken wieder, der auf mich gewartet hatte."

In diesem Traum faßt der Patient nochmals seine Situation zusammen: Er war der alten Ente (einmal versprach er sich und sagte „Gans") entronnen, dem sinnlosen Hahnenkampf mit dem Nebenbuhler männlich ausgewichen und hatte sich, durchaus der Wirklichkeit entsprechend, einem wunderhübschen Vögelchen zugewandt.

Die vielfältigen „tiefenpsychologischen“ Konflikte hinter der aktuellen Problematik können hier aus Raumgründen nicht besprochen werden. Sie ergeben sich – auch ihm selbst schon beim Schreiben einleuchtend – aus der Selbstanalyse: Hinter seinen Berufsschwierigkeiten steht eine unverarbeitete „Ödipus-Situation“; er begegnet seinem Chef mit denselben unverarbeiteten Aggressionen und Hemmungen, die er im Verhältnis zu seinem Vater niemals hatte verarbeiten können.
Die sexuellen Beziehungen zu der alten Frau hatte er um so mehr als schuldhaft erlebt, als er, ohne es zunächst zu bemerken, in dieser Frau das Bild seiner eigenen Mutter gesehen und dementsprechend Beziehungen zu ihr als besonders belastend empfand.
Insgesamt also hatte diese analytische Behandlung von 51 Stunden nicht nur die aktuelle Konfliktsituation bereinigt, sondern darüber hinaus die zugrundeliegenden tiefenpsychologischen Probleme wenigstens so weit verarbeitet, daß eine völlig störungsfreie Lebensbewältigung 5 Jahre nachbeobachtet wurde (L.-Nr. 6372).

Fragebogen zur Persönlichkeits- und Selbstanalyse der Gegenwarts- und Konfliktsituation*

Frage:	Antwort:	Warum eigentlich?	Ist das richtig und gut so?
Mein gegenwärtiges Hauptproblem:			
Mein wichtigstes Lebensproblem:			
Mein Hauptkonflikt:			
Die Schwierigkeiten dahinter:			
Was habe ich bisher zur Lösung oder Überwindung getan (vgl. S. 118 ff.)			
Wer steht mir am nächsten?			
Wen mag ich nicht leiden?			
Ist meine Ehe (Partnerschaft) bedroht?			
Was gefällt mir am besten bei der sexuellen Gemeinschaft?			
Was gefällt mir am wenigsten bei der geschlechtlichen Gemeinschaft?			
Welche Erfahrungen mit dem vorehelichen Verkehr habe ich gesammelt?			
Bin ich froh darüber?			
Bedauere ich sie?			
Was gefällt mir am besten im Leben?			
Was gefällt mir am wenigsten im Leben?			
Meine besten Erfahrungen?			
Meine schlimmsten Erfahrungen:			
Mein größter Wunsch:			
Was bedauere ich am meisten?			

* Der Inhalt einiger Fragen geht zurück auf unveröffentlichte, persönliche Anregungen von Dr. Meares, Melbourne.

Mein größter Erfolg: ....

Mein schlimmstes Versagen: ....

Wofür bin ich besonders dankbar? ....

Wofür bin ich nicht dankbar genug? ....

Was ist das Beste an mir? ....

Was ist das Bedenklichste an mir? ....

Mein höchstes Ziel: ....

Mein nächstes Ziel: ....

Wogegen bin ich empfindlich? ....

Meine Tagträume: ....

....

....

....

Hoffen und Handeln in der Selbstanalyse

Planvolle Zukunftsgestaltung

So nützlich und notwendig für neurotisch Kranke der analysierende Blick in die Vergangenheit ist, so verfehlt und irrig wäre doch die Meinung, die bloße Tatsache einer Beschäftigung mit der Zukunft sei bereits ein Zeichen für seelische Gesundheit.

Wirklichkeitsfremde Träume und Wunschphantasien, Größenideen von zukünftigen Erfolgen, von Reichtum und Macht dienen einer gesunden Lebensbewältigung ebenso wenig wie die quälenden Ängste und Sorgen, was wohl der kommende Tag, der nächste Monat an neuen Schrecken und unlösbaren Problemen mit sich bringen werde. Der Blick in die Zukunft stellt mit solcher Fehlhaltung ebenso häufig eine Flucht vor den Aufgaben der Gegenwart dar wie ein selbstzerstörerisches Grübeln über eine verpfuschte Vergangenheit.

Nicht *daß* wir den Blick also in die Zukunft wenden, zeigt bereits Gesundheit und wachsende Lebenskraft, sondern *auf welche Weise* dies geschieht, welche Fern- und Nahziele wir im beruflichen wie im persönlichen Bereich ansteuern, welchen Idealen wir dabei folgen und mit welcher Tatkraft wir sie verwirklichen, das erst läßt uns über den Wert einer Persönlichkeit, die Haltung ihres Charakters und den Grad ihrer seelischen Gesundheit urteilen.

Eine der wichtigsten Fragen lautet: *Wieweit überlassen wir die Zukunft dem Zufall oder dem sogenannten Schicksal, und wieweit gestalten wir sie selbst bewußt durch unser Handeln?*

Scheinbar tritt eine solche Aufgabe zur Entscheidung an manche Menschen nicht heran, weil z. B. ihr Beruf durch den Willen der Eltern, vielleicht durch eine Erbschaft (z. B. ein Geschäft) von vornherein festgelegt war und dieser Beruf dann die Einteilung der Zeit zwangsläufig bestimmt. Selbst die wenigen Menschen, die ihren Beruf nicht frei gewählt haben, können zu ihrem Vorwärtskommen nicht wenig beitragen; außerdem lassen sich vielleicht eigene schöpferische Ideen durchsetzen, und mindestens wartet ein zunehmendes Maß an Freizeit darauf, sinnvoll gestaltet zu werden.

Für viele junge Menschen erscheint ein solches bewußtes Gestalten der Zukunft der Ausdruck eines wenig vorbildhaften Leistungsstrebens. So berechtigt der Vorwurf solcher Jugendlicher sein mag, man dürfe einen Menschen nicht nach seinen beruflichen Erfolgen werten, so verfehlt erweist es sich doch, eine planmäßige Arbeit mit konkreten Zielen aus der Lebensgestaltung verbannen und sich nur dem Augenblick hingeben zu wollen. Lebensgenuß befriedigt nur kurzfristig, und auf die Dauer bleibt niemand – mindestens seelisch – gesund und „glücklich", der nicht regelmäßige Arbeit und ihre Ergebnisse zu den Hauptwerten des Lebens zählt.

Zeit und Arbeit aber müssen wir im voraus einteilen, einordnen in einen Plan, der nicht zum Tyrann der Minuten, sondern zur Leitlinie der Leistungsfreude werden will. Das Leben gleicht nicht einer Überraschungsfahrt „ins Blaue", sondern einer Reise, deren Ziel bekannt und deren Weg vorbereitet sein will. Häufige Umleitungen lassen sich dann nicht vermeiden, bewußte Abstecher bereichern und lohnen, und ein absoluter Schutz vor Pannen und Unfällen ist bisher nicht bekannt. Wer sich aber ohne Ziel und gar ohne Richtungsvorstellung auf einen Weg begibt, kann sich leicht verirren oder im Kreis bewegen.

Einzelheiten über eine sorgfältige *Einteilung der Tage* mit einer Anpassung an die natürlichen Rhythmen des vegetativen Nervensystems und damit der unterschiedlichen Leistungsfähigkeit wurden an anderer Stelle erteilt (vgl. THOMAS 1972 b).

Für eine fruchtbare Selbstanalyse aber sind nicht die Einzelfragen entscheidend, nach welchen Gesichtspunkten individuell ein Zeitplan für Arbeit und Mußestunden aufzustellen sei, welche langfristigen und welche kurzfristigen Ziele dabei zu erreichen sind, ob und wieweit eine genaue Buch-

führung als Selbstkontrolle dabei zu empfehlen ist oder in übertriebener Form mehr Zeit in Anspruch nimmt als erspart. Eine Haupterkenntnis aber ist unerläßlich:
Zum gesunden Leben gehört eine Einsicht in die eigene Leistungsfähigkeit. Wer seine Zeit und Kraft selbstkritisch planen und einsetzen lernt, wird wesentlich mehr leisten und vor allem mehr Freude empfinden.
Manche Scheinprobleme einer belastenden Vergangenheit lösen sich durch ein tatkräftiges Planen und Gestalten der Zukunft selbst oder verlieren völlig ihre Bedeutung.

Vertiefte Werterkenntnis

Fähigkeit zum Wählen als Ausdruck der Reife

Jeder Mensch muß in die Fähigkeit, zu planen und selbstverantwortliche Entschlüsse zu treffen, allmählich hineinwachsen. Kleinkind und Schulkind sind dabei auf die Leitung und Hilfe durch die erfahrenen Erwachsenen angewiesen. In der ersten Hälfte der Pubertät beginnt ein eigener Wille zu wachsen, der sich zunächst nur im Gegensatz zu der als „autoritär" oder „repressiv" verurteilten Erziehung entwickelt und meist negativ und negativistisch äußert. Während dieser Zeit der Reifung braucht der junge Mensch wachsende Freiheiten und verständnisvolle Anleitung, damit seine zunehmende eigenständige Tatkraft auch mit der wachsenden Einsicht in die Folgen der eigenen Handlungen einhergeht.
Das Ende der Pubertätszeit, beim Mädchen also etwa das 15. und 16., beim Jungen das 17. und 18. Lebensjahr, wird beherrscht von den wichtigsten Lebensfragen überhaupt und von dem Bemühen, gültige und bleibende Antworten zu finden. Gesunde Mädchen gewinnen in diesem Alter bestimmte Vorstellungen von dem Aussehen, den Eigenschaften und Fähigkeiten des „Helden"-Ideals, dem sie in der wichtigsten Entscheidung ihres Lebens, der Partnerwahl, ihr Schicksal anvertrauen wollen. In mehr oder minder tastenden oder weitgehenden Versuchen sammeln sie Erfahrungen und lassen sich dabei leiten von zumeist recht äußerlichen Gesichtspunkten, vom Aussehen und Auftreten, von Geld oder Stellung.
Eine ahnungslose Illustrierten-Presse und nicht minder oberflächliche Ehevermittlungsinstitute sammeln die Merkmale, die die jungen Menschen bei sich selbst zu finden glauben oder bei anderen suchen und stellen sie kritiklos – gelegentlich sogar mit einem Computer – zusammen. Dabei folgen sie dem Wahn und wecken ihn noch bei anderen, als ob solche Übereinstimmungen oder Wünsche irgendeine Gewähr böten oder auch nur eine Aussage zuließen über eine richtige Entscheidung und *Partnerwahl.*

Die wesentlichen Werte des Charakters nämlich, Beständigkeit, Ehrlichkeit, Wahrheitsliebe, Zuverlässigkeit, Geduld, Herzensgüte sowie die rechte Verbindung von Festigkeit (besonders beim Mann) und Anpassungsfähigkeit (besonders bei der Frau) werden dabei völlig vernachlässigt. An diesen Charakterwerten jedoch bewährt sich die bleibende Harmonie einer späteren Ehe, wenn wir hier von den nicht minder wichtigen Fragen der Erotik und Sexualität in Kenntnis und Fähigkeit absehen.

Praktisch bedeutet dies, schon ein junges Mädchen sollte Klarheit gewinnen über ihre letzte und höchste Lebenshoffnung und bei der Partnerwahl darauf achten, daß sie in eben diesen Zielen und ihrer Wertschätzung mit dem Mann übereinstimmt.

Bei einer Repräsentativ-Befragung der Berliner Studierenden 1954 gaben rund 75% der Studentinnen als Lebensziel an: *Ehe und Familie.* Das „Ja" des Mannes vor dem Traualtar bedeutet noch keineswegs, daß für ihn die gleichen Ziele – gar für die Dauer – im Vordergrund stünden. Für einen Mann wird normalerweise die *berufliche Erfüllung* den ersten Platz in einer Rangordnung der Werte einnehmen, und nur selten wird eine Frau durch gleiche oder ähnliche Vorbildung zur beruflichen Mitarbeiterin oder Gehilfin ihres Mannes heranwachsen.

Doch auch hinter dieser Berufswahl sucht die Motivforschung mit Recht die Hintergründe und fragt, ob Neigung und Eignung, ob elterlicher Wunsch oder gar Druck die Berufswahl bestimmten, ob schicksalshafter Zwang oder innerste Berufung, ob Geltungsstreben oder bloße Gewinnsucht den Ausschlag gaben.

Diese Fragen, die sich noch beliebig erweitern lassen, stellen nicht nur für Berufs- und Partnerwahl bedeutsame Schritte auf dem Weg der Selbstanalyse dar, sie helfen auch, den Partner oder Mitarbeiter zu verstehen.

Je höher sich die Werte in einer Skala geordnet finden, die sich ein Mensch als Lebensziel gewählt hat, je unveränderlicher sie in den Wirren des Lebens Bestand behalten, um so klarer wird er Entscheidungen treffen, die seine Tätigkeit oder Freizeit auf längere Frist bestimmen. Zudem wird auch die Lebensverbindung zu einem Partner um so fester und beglückender verlaufen, je höher das Ziel gesteckt ist, dem beide gemeinsam in einer höchst realen Hoffnung nachfolgen.

Praktisch bedeutet dies: Wer materielle Güter, Macht oder Geltung als Lebensziel erwählt, wird leicht enttäuscht und das flüchtige Glück durch Verluste und gestörte Gemeinschaft gefährdet sehen. Wer dagegen sein Leben hohen Zielen, z. B. von Kunst und Wissenschaft, von sozialem oder religiösem Einsatz, gewidmet hat, der wird bei solchen bleibenden Werten innerste Befriedigung erleben und eine feste Verbindung zu gleichgesinnten Freunden und Partnern behalten.

Selbstanalyse schließt also an wichtigster Stelle die Frage ein: Habe ich schon Klarheit gewonnen über den *höchsten Wert und das letzte Ziel in meinem Leben,* dann läßt sich verhältnismäßig einfach eine Rangordnung aufstellen: Vordringlich sind dann jene Aufgaben zu lösen, die mich diesem Ziel am weitesten näherbringen. Ich werde mich dann am festesten mit den Menschen verbunden wissen und denen die meiste Zeit widmen, die mit dieser Wertordnung übereinstimmen oder meiner Hilfe bedürfen.

Zwei Pole stehen dann als Menschentypen einander gegenüber: Die *Selbstunsicheren,* deren Gedanken an die Vergangenheit erfüllt sind von dem bedauernden „Hätte" und „Wäre-ich-doch" und deren Gegenwart sie mit dem lähmenden Zweifel durchdringt: „Was soll ich tun? einerseits möchte ich doch . . . , aber andererseits weiß ich nicht . . ." Mit dem anderen Extrem sind nicht jene *allzu Selbstbewußten,* Überheblichen und Unfehlbaren gemeint, die vermeintlich alles besser wissen und nie von einem Fehler übereilt werden; vielmehr sind jene charaktervollen Persönlichkeiten gemeint, die zugleich auch als Leitbild der Selbstanalyse gelten. Ihr gesundes Selbstwertbewußtsein läßt sie unbeirrt und unbeirrbar das einmal als richtig erkannte Ziel weiter verfolgen, jederzeit bereit, es kritisch zu überprüfen und es zu sachlicher Diskussion zu stellen. Solche Überzeugungstreue hat nichts mit blindem Fanatismus zu tun, der als Fremdüberzeugung aus lautstarker Propaganda erwächst. Eine weltoffene und jedem echten Fortschritt aufgeschlossene Beständigkeit birgt mit dem ansteckenden Glauben an die Zukunft, den wir Hoffnung nennen, schon den Erfolg in sich selbst.

In diesem Zusammenhang kann der tragende Wert einer eigenständigen religiösen Überzeugung kaum überschätzt werden.

Die klare Erkenntnis eines höchsten Zieles und Leitbildes schließt dabei keineswegs das Anerkennen und Verfolgen von andersartigen *Nebenzielen und Zusatzaufgaben* aus. In diesem Bereich hat die Selbstanalyse zu prüfen: Welche Nebenziele sind mit dem Hauptwert unvereinbar? Welche anderen aber gehören zusammen oder ergänzen einander (Wir können und sollen lieben Gatten *und* Kinder, Beruf *und* Familie, den Nächsten *und* uns selbst, Gott *und* den Nächsten usw.)?

Künkel hat den vorausschauenden Blick durch sein Bild des *„Spannungsbogens"* für die Selbstanalyse aufs fruchtbarste erweitert: Je reifer ein Mensch ist, um so größere Entbehrungen wird er zu übernehmen bereit sein um eines weit entfernt liegenden, besonders hochwertigen Zieles willen. Mag das Kleinkind im Blick auf den lockenden Apfel noch unmittelbar zugreifen müssen, ein Student schon wird jahrelang intensiv arbeiten für eine ferne Prüfung, die das Tor zu dem erwählten Beruf aufschließt. Zielstrebige Zukunftsplanung mag im äußersten Beispiel planvoll ein ganzes

Lebenswerk umfassen, und für gläubige Menschen findet der „Spannungsbogen" KÜNKELS – einer Brücke gleich – nicht einmal mit dem Abschluß des Lebens sein Ende.

Aus Anlaß des 12jährigen Bestehens unserer Telefonseelsorge begann Prof. Dr.-Ing. SÖRENSEN (Freudenstadt) im Oktober 1968 seine Ansprache mit dem lapidaren Satz: „Als Brückenbauer bin ich gewöhnt, bei der Konstruktion drei Fragen zu stellen: Hält das? Trägt das? Bleibt das? Diese Fragen gelten auch für das Leben ..."

In der Tat muß ein Brückenbauwerk in sich selbst genügende Festigkeit aufweisen, eine bestimmte Verkehrslast tragen und auf lange Sicht hin seinen Aufgaben gerecht werden.

Auch wer für sein eigenes Leben jede Aussage über das fremde, andere Ufer als unmöglich ablehnt, muß die Parallelen zwischen dem Leben und dem Weg über eine Brücke, die wir selbst zu errichten berufen sind, anerkennen. Die meisten Menschen verdrängen die Frage nach dem Ende und Ziel des Lebens. Wer ihr aber unvoreingenommen nachgeht, der gelangt an die Grenzen jedes psychotherapeutischen und psychologischen Bemühens. Ziel und Sinn des Lebens gehören ihrem Wesen nach in den religiösen Bereich. Die medizinische Psychologie, der dieses Büchlein dienen soll, erteilt keine Antwort auf diese Fragen. Dies entbindet aber weder den Kranken noch den Gesunden und nicht einmal den Arzt, für sich selbst den Grenzfragen ehrlich nachzugehen (vgl. S. 42, 91).

Hält das Gedanken- und Weltanschauungsgebäude meines Lebens? Trägt es die gegenwärtigen und die zukünftig möglichen Belastungen? Bleibt es bestehen?

Die Selbstanalyse ist berufen und fähig, zur Erkenntnis klarer Lebensziele im persönlichen, familiären und beruflichen Bereich zu verhelfen. Sie kann vor Selbsttäuschungen bewahren und einen Menschen lebens- und leistungsfähiger machen. Sie kann ihm auch helfen, die letzten Lebensfragen von Schicksal und Schuld, von Leid und Tod zu erkennen.

Zur Antwort freilich brauchen wir mehr als den Versuch eines eigenen Brückenschlages. Wir müssen glauben und schließlich in einer innersten Gewißheit erkennen, daß von dem anderen – scheinbar so unbekannten – Ufer, dem wir entgegengehen, eine Brücke schon errichtet ist, auf die wir die unsere ausrichten müssen und von der es dann in umfassendem Sinne gilt: sie hält, sie trägt, sie bleibt.

Religiöse Fragen gehören einer anderen Ebene an als der Psychotherapie. So wenig wir beide miteinander verwechseln oder vermengen dürfen, so deutlich müssen wir erkennen, daß für unsere Patienten *beiden* Bereichen ein ausschlaggebender Wert zukommt. Ihre Selbstanalysen können es uns lehren. Davon berichtet das letzte Beispiel:

Beispiel für religiöse Zukunftsprobleme eines Patienten

Zustandsbild

Der 38jährige Abteilungsleiter eines größeren Verlages berichtet von so schweren Erschöpfungszuständen, schwersten Schlafstörungen, von Ticks verschiedener Art – einige Muskeln seines Gesichtes und die Halsmuskeln des Platysma ziehen sich mehrmals in der Minute krampfhaft zusammen – auch muß er sich ständig räuspern. Er leidet unter einem Zählzwang, muß ständig seine Schritte, seine Handgriffe, beim Schreiben selbst die Wörter auf die Zahl „fünf" prüfen. Er hat Angst zu ersticken, Angst bei Dunkelheit und besonders in der Nähe eines Friedhofes, Angst vor allem in verschiedenen Verkehrssituationen, so daß sich allmählich daraus eine Platz- und Straßenangst entwickelt hat.

Das Zustandsbild ist so ernst, daß er seit zwei Monaten seine Arbeit nicht wahrnehmen kann und selbstmordgefährdet ist.

Seit zwei Jahren hat er versucht, ärztliche Hilfe zu finden. Er war bei einem Nervenarzt, der den Verdacht auf eine Geschwulst im Gehirn als so wahrscheinlich hinstellte, daß eine längere klinische Untersuchung erforderlich schien. Doch alle Röntgenaufnahmen und Befunde des Elektroenzephalogramms gaben keinen Anhalt für organische Ursachen. Die Behandlung seiner Herzbeschwerden bei einem Internisten hatten nur begrenzt Ergebnisse, vorwiegend mit gefäßerweiternden Mitteln (Intensain, Valium sowie im Laufe der Zeit mit einer ganzen Anzahl verschiedener anderer Tranquilizer). Außerdem litt er an einer Kolitis mit Blutungen aus dem Darm, die den Verdacht auf einen Tumor nahelegte.

Zwei Jahre hindurch war er regelmäßig zu insgesamt 140 Stunden in eine psychoanalytische Behandlung gegangen, bei der wesentliche Probleme in der Beziehung zu seiner Mutter und einer anderen Frau besprochen waren.

In seiner Selbstanalyse schreibt er darüber „Mein wichtigstes Problem aber war, ich wollte beichten gehen und konnte keinen Priester finden, der mich versteht, ich wollte endlich wieder Frieden mit Gott finden. Bei all diesen Fragen aber sagte der Analytiker immer nur: Von solchen Gedanken müssen Sie sich endlich frei machen."

„Ich bin streng gläubig katholisch; wenn ich nicht die Heilige Eucharistie empfangen kann, dann finde ich auch keine Ruhe und werde nicht gesund."

Bei genauer Untersuchung läßt der Patient keine Symptome einer Depression erkennen, über den ersten schriftlichen Bericht hinaus aber erzählt er von einer hartnäckigen Unfähigkeit zu schlucken und Beschwerden im Hals im Sinn des „oberen Kreuzes“ von STOLZE.

Drei Wochen zuvor hatte er einen „Zusammenbruch“ mit so heftigen Schmerzen am Herzen erlitten, daß er wegen des Verdachts auf einen Herzinfarkt in eine Klinik eingewiesen und erst wenige Tage zuvor entlassen worden war. Während der letzten sechs Monate hatte er zusätzlich versucht, die für ihn unerträgliche Lage durch einen gesteigerten Alkoholverbrauch zu überwinden.

Die Hoffnung und Bitte des Patienten, mehrere Hypnosen könnten seinen Zustand klären, mußten enttäuscht werden. Nachdem durch den Entlassungsbericht des Krankenhauses feststand, daß keine internistischen oder körperlichen Ursachen für seine vielen Beschwerden verantwortlich zu machen seien, und nachdem er andererseits von seiner extrem moralistischen, frommen Erziehung, aber auch von seinem gegenwärtigen Gewissenskonflikt, der Beziehung zu einer verheirateten Frau, gesprochen hatte, konnte sein Zustand beurteilt werden.

Diagnose

Es handelte sich um eine schwere Schichtneurose „ekklesiogenen“ Ursprungs.

Während der ersten Stunden der Behandlung wurde diese Diagnose durch weitere Berichte besonders von jahrzehntelang dauernden Onanieschuldgefühlen und von unmittelbarer Selbstmordgefährdung erhärtet.

Therapieplan

Er war um so schwieriger aufzustellen, weil der Patient nach seiner bisherigen psychoanalytischen Behandlung Bedenken gegen die nochmalige Aufnahme einer Psychoanalyse hegte. Das Schwergewicht der Therapie sollte vielmehr in drei Bereichen liegen. Einerseits galt es, seine unmittelbare Konfliktsituation vorwiegend in einer Selbstanalyse anzugehen, zum anderen sollte er durch autogenes Training in der Unter- und bald auch in der Oberstufe aktiv an der Bewältigung seiner Konflikte mitwirken können, und zum dritten waren seine religiösen Konflikte ernst zu nehmen und von der Seelsorge her zu klären.

Konflikte

Zu seiner *Konfliktsituation* schreibt er zunächst von einer gleichaltrigen verheirateten evangelischen Frau, die als Angestellte in seinem Verlag sich schon vor drei Jahren mit ihrer Not ihm anvertraut habe. Ihr Mann ist ein Trinker, der wegen einer untragbaren Schuldenlast zielstrebig versucht, durch ständig steigenden Alkoholgenuß Selbstmord zu verüben. In seiner Trunkenheit mißhandelt er seine Frau körperlich und seelisch so schwer, daß sie bereits drei Selbstmordversuche unternommen hat, um dieser untragbaren Situation zu entrinnen. Zweimal hatte sie bereits mit Prellungen und körperlichen Verletzungen Krankenhausbehandlung in Anspruch nehmen müssen, ohne daß die wahren Ursachen dabei offenkundig wurden.

Zwischen dem Patienten und dieser Frau war es zu einer immer tieferen inneren Bindung gekommen, die zunächst dem Verantwortungsbewußtsein des Mannes entsprach, mit dem er die Frau schützen wollte und sie tatsächlich mehrfach nachts in bedrohlicher Situation aufgenommen hatte. Intime Beziehungen zwischen den beiden hatten sich während der ersten eineinhalb Jahre nicht entwickelt. Mit fortschreitender Verantwortung für die isolierte und gefährdete Frau aber hatten sich die Beziehungen enger gestaltet, und für die Zukunft wünschen sich beide eine Ehe.

Religiöse Probleme

„Der aber stehen unüberwindliche Hindernisse gegenüber:
Nicht nur, die Frau ist evangelisch und nicht geschieden, ich selber stehe unter unmittelbarem Einfluß eines Priesters, der bei aller menschlichen Freundlichkeit schwere Vorwürfe gegen mich erhebt, weil ich immer wieder der Frau in ihrer Not bei mir Zuflucht gewährte."

Für ihn liegt ein unlösbarer Gewissenskonflikt vor:

„Ich kann es nicht verantworten, die Frau, die einzige, die ich in meinem Leben je geliebt habe, in den Mißhandlungen durch einen sadistischen Mann leiden zu lassen. Mein Leben hindurch habe ich andererseits regelmäßig die Heiligen Sakramente empfangen und bin den Regeln der Kirche treu geblieben, die mir von meiner Mutter her Jahre hindurch nahegebracht worden waren. Jede Nacht bringe ich Stunden im Gebet zu, frage mich und Christus, ob es nicht eine Vergebung auch dann gibt, wenn der Priester mir die Absolution verweigert. Eine Vorbedingung aber, mich endgültig von der Frau zu lösen, kann ich doch aber um meines christlichen Gewissens willen nicht erfüllen. Ich habe schon überlegt, ob ich nicht deshalb zur evangelischen Kirche übertreten soll, aber ich bin in der katholischen erzogen und möchte doch dort bleiben. Ich kann nicht leben ohne den Frieden mit meiner Kirche."

Sein Priester hatte ihm in der Seelsorge ausdrücklich geboten, jede Verbindung zu der geliebten Frau abzubrechen, aber diesem Gebot konnte er um seines Gewissens willen nicht nachkommen, und daran zerbrach er innerlich. Er schreibt dazu:

„Wenn unseren Priestern doch nicht durch ihren Beruf so enge Fesseln angelegt wären, daß sie nicht mehr menschlich verstehend urteilen können! Ich will doch aber den Kontakt zum Hause Gottes nicht verlieren. – Die Priester müßten doch einen viel engeren Kontakt zu ihren Gläubigen in der Seelsorge haben und nach menschlichen psychologischen Erkenntnissen ihre Seelsorge üben. Warum besteht das Wesen der Beichte in Klischee-Ratschlägen und nicht in einer echten individuellen Hilfe für den Beichtenden?"

Auf die Frage: „Was halten Sie für den Sinn Ihres Lebens?" antwortet er in einem Fragebogen:

„Ich möchte einmal die persönlich menschliche Reife erlangen, die ich dann nach bestem Wissen und Gewissen den Menschen weitergeben kann; ich will durch ununterbrochene Arbeit an mir selbst Kenntnisse gewinnen, die ich dann meinen Mitmenschen so weitergeben kann, daß daraus für sie eine Hilfe erwächst."

Eine ausführliche Besprechung der seelsorgerischen Probleme endet mit seiner Zustimmung so, daß er seine Probleme in aller Offenheit einem Kreis von etwa 12 katholischen Geistlichen darlegen will, die ich im Priester-Seminar in Seelsorge unterrichte.

Als er dort etwa eine dreiviertel Stunde hindurch von seinen schweren Gewissensnöten gesprochen hatte, stellte ich dem Seminar – in Abwesenheit des Patienten – die übliche Frage: „Meine Herren, was wollen Sie nun tun, um diesem Mann zu helfen und zu raten?" – Einer der Teilnehmer sprang auf und rief leidenschaftlich: „Das erste, was ich tue, ist, daß ich alle meine Bücher über Moraltheologie verbrenne!" Alle waren sich darüber einig, daß diesem Mann mit seinem tiefen sittlichen Ernst und seiner reifen Glaubenshaltung die Absolution und der Trost der Kirche keinesfalls vorenthalten bleiben durfte. Als wir ihm das in der nächsten Seminarsitzung mitteilten, bedeutete schon diese Tatsache für ihn eine wesentliche Erleichterung.

Nachdem er erkannt hatte, daß seine persönliche religiös-sittliche *Gewissensentscheidung* über allen äußeren Regeln und Normen stünde, konnte er auch der ihm verbundenen verheirateten Frau nicht länger den Weg zu einer Scheidungsklage versperren, den er vor ihr zuvor auf Grund der kirchlichen Regeln als eine Sünde bezeichnet hatte. Zwar verlangte der Priester von ihm die absolute Trennung von der Frau. Um seines Gewissens willen konnte er sich aber nicht dazu entschließen.

Sexuelle Fragen und „Verkehrsprobleme“

Eine zweite Befreiung bedeutete für ihn die Besprechung der Fragen der *Onanie,* die anhand meines Buches über Sexualerziehung vorgenommen wurde und ihn von den Schuldgefühlen auf diesem Gebiet befreite.

Ein dritter Problemkreis wurde ihm selbst erst im autogenen Training bewußt und behoben: Er war als Autofahrer schon in einige leichte Unfälle mit Blechschäden schuldhaft verwickelt. Nunmehr erkannte er seine Verkrampfung als Ursache und fährt seitdem entspannt ohne Schäden oder gefährliche Situationen.

Abbau der Zwangssymptome

Überraschend schnell lernte er bereits nach acht Wochen systematische Oberstufenübungen. Eine der ersten Fragen, die er sich vorlegte lautete: „Vor meinem inneren Auge entwickelt sich ein Bild, das Bild zeigt mir die Bedeutung der Fünf in meinem Leben.“ Damit wollte er dem Ursprung seines quälenden *Zählzwanges* nachgehen. Sofort fiel ihm dabei ein Satz ein, der sich ihm seit seiner Kindheit eingeprägt hatte:

„Zwei sind tot und drei überleben!“

Die Familie bestand aus den beiden Eltern und drei Brüdern. Im Zusammenhang damit sah er sich im autogenen Training nacheinander an den Gräbern der beiden Eltern stehen und erkannte, wie oft er ihnen heimlich den Tod gewünscht hatte, wenn sie mit immer neuen Verboten im Namen der Frömmigkeit jede Beziehung zum anderen Geschlecht als sündhaft brandmarkten und ihn schwer wegen jeglicher Neigungen oder gar Betätigungen der „Unreinheit“ bedroht hatten. Während der Pubertätszeit hatte er sich immer gewünscht: „Wenn meine Eltern erst tot sind, dann kann ich endlich tun, was ich will, dann kann ich auch eine Freundin haben.“

Den Tod seiner Eltern, die im Abstand von vier Monaten starben, empfand er als Ergebnis seiner eigenen Todeswünsche (ohne es zu wissen) und damit als eine schwere Schuld, die ihn belastete. – Eine Besprechung dieser Zusammenhänge, die er in der Selbstanalyse und der Oberstufe des autogenen Trainings erkannte, befreite ihn nicht nur von der zwiespältigen Erinnerung an seine Eltern, sondern auch von den Schuldgefühlen der Onanie und von dem Zählzwang.

Ausschlaggebend aber war die erste eigentliche Bilderschau im autogenen Training. Bei der Übung: „Vor meinem inneren Auge entwickelt sich ein Bild,

ich sehe und erlebe Frieden“

sieht er sich in einem tiefen Tal zwischen zwei riesigen Bergen, die er vergeblich zu besteigen versucht. Bei genauerem Hinschauen erkennt er, daß beide Berge einen riesigen Busen darstellen, den er vergeblich zu erklimmen versucht, um daran zu saugen. Der linke Berg entwickelt sich dann deutlich zu einem großen Mantel „der zudeckenden Liebe", auf dem sich eine Kirche mit einem strahlenden goldenen Kreuz erhebt. In dem rechten Berg hingegen erkennt er die gewaltige Anhäufung von Manuskripten, wie sie sich auf seinem Schreibtisch „zu Bergen türmen".

Mehrere Erkenntnisse ergeben sich von daher spontan:

„Ich stehe zwischen zwei Bergen von Hindernissen, die ich nicht überwinden kann. In dem linken sehe ich die Mutter-Kirche, zugleich aber auch meine eigene Mutter, die mir die Gebote der Kirche nahegebracht hat. Auf der rechten Seite erkenne ich meine Pflichten, meine Aufgaben in dem Beruf mit dem Übermaß der Arbeit, zugleich aber auch dort meine Beziehungen zu der anderen Frau. Ich stehe buchstäblich zwischen zwei Frauen, die ich beide nicht wirklich erobern kann."

Nur wenn es ihm gelingt, den Frieden mit der Kirche wieder zu schließen, zugleich aber auch, wenn er die Frau, die er liebt, gewinnen kann, liegt ihm der Frieden offen.

Der Patient hat insgesamt an 21 Stunden des autogenen Trainings teilgenommen und ist zusätzlich 13 Stunden zur Einzelbehandlung gekommen. Zwischen der ersten und der letzten Stunde liegt eine Zeit von zehn Monaten, ausgefüllt mit intensiver Selbstanalyse. In der letzten Stunde berichtet er ein Bild aus der Oberstufenübung des autogenen Trainings unter der Frage: „Vor meinem inneren Auge entwickelt sich ein Bild; dieses zeigt mir den Weg, den ich gehen soll."

Dieses Bild zeigt ihn auf dem Weg zu einem Bauplatz, auf dem im Rohbau ein Haus steht. Dazu schreibt er: „Ich bin dabei, mir ein Einfamilienhaus zu errichten, bei dessen Bau ich selbst viel Hand anlege. So entspricht das Bild der Wirklichkeit. Es bedeutet mir aber mehr. In diesem Haus will ich mit der Frau, die inzwischen geschieden ist, leben. Dabei habe ich gemerkt:

Bauen kann ich das Haus meines Lebens selbst, aber ich brauchte einen Architekten, der mir den Plan entwirft."

Im Lauf der zehnmonatigen Behandlung sind alle körperlichen und seelischen Beschwerden des Mannes verschwunden (L.-Nr. 11183).

Mit diesen seinen Worten hat er zugleich Wesen und Aufgabe der Selbstanalyse gekennzeichnet: Ungleich viel mehr unserer Psychotherapie-Patienten, als wir früher erkannt hatten, sind willens und fähig, ein neues Lebensgebäude selbst zu erstellen oder wenigstens kräftig Hand mit anzulegen. Den Bauplan aber gemeinsam mit dem Patienten zu entwerfen, sind Ärzte berufen, und dazu will dieses Buch anregen und anleiten.

Fragebogen über Charakterhaltung und Zukunft

1. **Ziele**

Welches ist das nächste Ziel in meinem Leben? Wie und wann will ich es erreichen?

– im beruflichen Bereich? ....

– im zwischenmenschlichen Bereich? ....

– im persönlichen Bereich? ....

– im sonstigen privaten Bereich? ....

– im Blick auf meine Lieblingsbetätigung(en)? ....

Welches ist das höchste Ziel in meinem Leben? ....

Welches ist das Endziel in meinem Leben? ....

Was erwarte ich danach? ....

2. **Sorgen**

Welches sind meine Hauptsorgen für die Zukunft? ....

Auf welchem Gebiet liegen sie? ....

Wie will ich dagegen angehen? ....

Kann mir jemand dabei helfen? ....

Welche Schwierigkeiten erwarte ich dabei? ....

Wie kann ich sie überwinden? ....

3 **Charakterhaltung**

Bin ich vorbereitet,
einen Erfolg hinzunehmen,

ohne überheblich zu werden ....

einen Mißerfolg zu erleben,
ohne mich entmutigen zu lassen? ....

eine Kritik zu ertragen,
ohne beleidigt zu sein? ....

eine Wahrheit anzuerkennen,
auch wenn sie meinem „System“ widerspricht? ....

den Verlust meines Besitzes hinzunehmen,
ohne zu klagen? ....

den Verlust meiner nächsten Angehörigen
zu ertragen, ohne zu verzweifeln? ....

den Verlust meiner Arbeit zu erleben,
ohne damit den letzten Sinn meines Lebens einzubüßen? ....

den Verlust meiner Gesundheit durchzustehen,
ohne die Geduld zu verlieren? ....

Siechtum zu ertragen? ....

Schmerzen zu erdulden? ....

Einsamkeit zu gestalten? ....

Ungerechtfertigte Verfolgung und
Verleumdung auf mich zu nehmen? ....

Wie kann ich das alles lernen? ....

....

....

4. **Alter**

Vollzieht sich mein Leben ganz oder
vorwiegend in Erinnerungen? ....

– der Gegenwart zugewandt? ....

– in Plänen und Hoffnungen? ....

– anderweitig auf die Zukunft gerichtet? ....

Wünsche ich mir, älter ....

jünger zu sein? ....

Oder nehme ich mein Alter an? ....

5. **Tod**

Bin ich vorbereitet zu sterben? ....

Kann ich die Frage nach dem Sinn
meines Lebens und Leidens beantworten? ....

Was habe ich Bleibendes geschaffen? ....

Wer wird sich nach meinem Tod dankbar
an mich erinnern? ....

Könnte ich noch mehr Menschen Grund dazu geben? ....

Hochziel der reifen, harmonischen, angepaßten, also seelisch gesunden Persönlichkeit

(Störungsfreie Lebensbewältigung mit voller Arbeits- und Liebesfähigkeit)

In der Beziehung zu sich selbst

1. Sich selbst annehmen und bejahen (einschließlich des Alters, des Aussehens, der Leistungsfähigkeit und der Grenzen);
2. eine konfliktfreie (oder -arme vgl. S. 118ff.) Harmonie anstreben zwischen Überich und Es.

In der Beziehung zur Arbeit

1. Einen der Leistungsfähigkeit einigermaßen angemessenen Aufgabenbereich gerne, mit abgeschlossenen Arbeiten und allmählichem Aufstieg bewältigen;
2. mit Vorgesetzten, Kollegen und Untergebenen in einer grundsätzlich (von Ausnahmen abgesehen) harmonischen Arbeitsgemeinschaft zusammenwirken.

In der Beziehung zum Liebes- und Ehepartner

1. Ein voll (sexuell und erotisch) erlebnisfähiger, hingabewilliger und anpassungsbereiter Lebenspartner sein, der bereit und fähig ist, ein Höchstmaß an Freude zu wecken;
2. Bereitschaft und Fähigkeit entwickeln zur Pflege vielfältiger gemeinsamer Unternehmungen, Interessen und Erlebnisse.

In der Beziehung zu den Kindern

1. Ein verständnisvoller, gütiger – je nach der Reife des Kindes – fest bestimmender, lenkender oder später begleitender und beratender Freund sein, der sich rechtzeitig und weitgehend genug innerlich lösen und den „Kindern“ zur Selbständigkeit helfen kann;
2. ein Liebe weckendes und Achtung gebietendes Vorbild sein.

In der Beziehung zu den sonstigen Menschen der Umwelt

1. Eine aufgeschlossene, kontaktfähige, sinn- und maßvoll kritische, von unsachlichen Affekten freie Haltung gegenüber einzelnen Menschen und Gemeinschaften der Umwelt einnehmen;
2. dauerhafte Freundschaftsbeziehungen zu einem begrenzten Kreis Gleichgesinnter und kameradschaftliche Beziehungen zu einem größeren Bekanntenkreis unterhalten.

In der Beziehung zum Schicksal

1. Affekte angemessen äußern mit dem Fehlen unkontrollierter Affektstürme (Gelassenheit statt Wutausbrüche);
2. Leiden überwinden oder/und tragen können.

In der Beziehung zu den religiösen Lebensfragen

1. Angst- und verdrängungsfreie Grundeinstellung zu den Problemen von Schuld und Tod;
2. persönliche Gewißheit und Antwort auf die Fragen nach dem Sinn des Lebens und nach Gott.

Heilwirkung der schriftlichen Selbstanalyse

Ein 26jähriger Architekturstudent schließt seine Selbstanalyse unaufgefordert mit Gedanken über den Wert seiner Arbeit; seine Worte sollen die Reihe der Zitate und zugleich dieses Buch beenden:

> „Bei Erstellung der schriftlichen Selbstanalyse bzw. der in den vorangegangenen Fragebögen gegebenen schriftlichen Auskünfte – exakte Trennung ist mir nicht möglich – habe ich eine Heilwirkung gespürt. Ich glaube, daß diese Wirkung nur möglich war, weil ich nach Beginn der psychotherapeutischen Behandlung wieder etwas Hoffnung hatte. Hätte ich beispielsweise die Selbstanalyse vor Beginn der Behandlung geschrieben, hätte die schriftliche Fixierung trauriger Tatsachen für mich möglicherweise nur eine verschlimmernde Wirkung gehabt, indem sich die Probleme in ihrer Unlösbarkeit für mich noch stärker festgesetzt hätten. Ich meine, die Probleme sollen sich ruhig festsetzen im Bewußtsein, aber heilsam ist das nur, wenn Hoffnung auf Lösung der Probleme besteht.
> Wie gesagt, setzen sich, bedingt durch die Schriftform der Selbstanalyse, die Probleme und Fehler stärker im Bewußtsein fest, als es durch mündliche Schilderung geschehen würde; dies hatte nun beispielsweise in Bezug auf meine Zerstreutheit und häufige gedankliche Abwesenheit die Wirkung, daß ich mich plötzlich, ohne daß ich es mir vorgenommen hatte, bei jedem gedanklichen Abschweifen sofort ertappte und mich dann zum Aufpassen zwang. (Das geschah vielleicht ein- oder zwei dutzendmal am Tag.)
> Außerdem fing ich an, den kleinen praktischen Dingen des Alltags besondere Aufmerksamkeit zu schenken (auch darauf wurde ich gestoßen, weil mir plötzlich meine schriftlich eingestandene und zugegebene Ahnungslosigkeit immer gegenwärtig war).

Eine andere heilsame Wirkung für den Verfasser einer Selbstanalyse kann auch darauf beruhen, daß er die Selbstanalyse von vornherein für einen anderen (hier also den helfenden Arzt) schreibt, bei dem man das, was man lange Zeit mit sich herumgeschleppt und was einen gedanklich laufend beschäftigt, worüber man aber kaum mit anderen Menschen gesprochen hat, endlich einmal „abladen" oder „loswerden" kann. Das Bewußtsein beim Schreiben, daß *ich damit nun jemand anders alles erzähle,* hatte eine erleichternde Wirkung auf mich (vgl. oben S. 25).

Diese Heilwirkung setzt also einen verständnisvollen Menschen, zu dem man Vertrauen hat, als Empfänger der Selbstanalyse voraus. Auch in diesem Fall wiederum (vgl. S. 13) ist die Selbstanalyse nicht für sich allein schon heilsam, sondern auf Grund der damit beabsichtigten Unterrichtung und Information des Arztes. (Die Existenz eines helfenden Arztes, für den die Selbstanalyse bestimmt ist, wirkt sich sicherlich auch auf die Qualität der Selbstanalyse aus, da sich der Patient sagt, daß der Arzt um so schneller helfen kann, je genauer und besser er informiert wird.)

Schließlich fördert die schriftliche Selbstanalyse das Nachdenken über sich selbst und das „Kramen" in Erinnerungen. Auf diese Weise können Neuigkeiten ans Tageslicht gebracht bzw. neue, mögliche Zusammenhänge erkannt werden. So brachten Überlegungen und Erinnerungen den für mich zunächst neuen Aspekt im Zusammenhang mit meiner Impotenz (dieser Aspekt ist die Scham oder Scheu vor sexuellen Perversitäten).

Die Schriftform zwingt zum genaueren Nachdenken und läßt nicht so leicht Oberflächlichkeiten zu.

Die systematische Sammlung und anschließende schriftliche Zusammenstellung von Erinnerungen (über mehrere Jahre oder Jahrzehnte) unter einem bestimmten Gesichtspunkt vermittelt einem selber Durchblicke, die man noch nicht kannte (bei mir z. B. in Bezug auf meine geschlechtliche Entwicklung und die diesbezüglichen Gewissenskonflikte).

Das bewußte Überschauen zurückliegender Zeiträume (Jahre oder Jahrzehnte) machte mir auch meine Entwicklung bis zur Gegenwart und die Entstehung meiner Probleme etwas klarer. Diese klärende Wirkung wurde erhöht durch eine auf die Gegenwart gerichtete, laufend betriebene, verstärkte Selbstbeobachtung, die nur den Zweck hatte, in der Selbstanalyse absolut wahrheitsgemäße Aussagen zu machen.

Bei der verstärkten Selbstbeobachtung wurde mir u. a. insbesondere klar:

1. Alle meine Schwierigkeiten lassen sich auf wenige Hauptprobleme reduzieren:
   Minderwertigkeitskomplexe,
   Sensibilität (leichte Verletzbarkeit),
   Angst (daraus resultierend: innere Unruhe),
   Depressionen (Impotenz).
2. Innerhalb dieser Probleme bestehen starke Abhängigkeiten und Wechselwirkungen. Die Verschlimmerung eines Problems verschlimmert auch alle anderen bzw. umgekehrt:
   Die Verringerung einer Schwierigkeit verringert auch die anderen.

Dieses allerletzte gibt mir Hoffnung!

Die Stärke der Heilwirkung der schriftlichen Selbstanalyse darf sicher nicht überschätzt werden. Sie mag jedoch ein wichtiges Glied „in der Kette der Heilung" sein. (L.-Nr. 5874)

Literatur

Bühler, Charlotte: Der menschliche Lebenslauf als psychologisches Problem. Hogrefe, Göttingen 1959

Bolley, A.: Die Bedeutung von Einführungs- und Einfühlungserlebnissen in der Meditation. Archiv für Religionspsychologie VIII. Göttingen 1964

Busemann, A.: Stil und Charakter. West-Kultur Verlag, Meisenheim 1963

Clauser, G.: Lehrbuch der biographi- West-Kultur Verlag, Meisenheim 1948

Felber, J.: Der Kainskomplex. Urban & Schwarzenberg, Wien 1956

Grund, G.: Anamnese, 2. Aufl. Barth, Leipzig 1964 (1947)

Harding, Esther: Selbsterfahrung. Rhein, Zürich 1954

Horney, Karen: Self-analysis, 2. Aufl. Routledge & Kegan, London 1942

Kinsey: Der Kinsey Report. Fischer, Berlin 1954

Lorenz, K.: Das sogenannte Böse, 2. Aufl. Schoeller, Wien 1964

Maeder, A.: Selbsterhaltung und Selbstheilung. Roscher, Zürich 1949

Pickworth, F.: A practical method of self-analysis enabling a person to remove unreasoning fears and depression from his mind., 3. Aufl. Allen & Unwin, London 1948

Schultz, I. H.: Lebensbilderbuch eines Nervenarztes, 2. Aufl. Thieme, Stuttgart 1971

Stolze, H.: Das obere Kreuz. Lehmann, München 1953

Thomas, K.: Handbuch der Selbstmordverhütung. Enke, Stuttgart 1964

Thomas, K.: Maschinen im Dienst der Menschlichkeit. Berl. Ärztebl. 81 (1968)

Thomas, K.: Praxis der Selbsthypnose des autogenen Trainings, 3. Aufl. Thieme, Stuttgart 1972a

Thomas, K.: Die künstlich gesteuerte Seele. Enke, Stuttgart 1970a

Thomas, K.: Sexualerziehung, 2. Aufl. Diesterweg, Frankfurt a. M.; Thieme, Stuttgart 1970b

Thomas, K.: Menschen vor dem Abgrund. Wegner, Hamburg 1970c

Thomas, K.: Ärztliche Lebensmüdenbetreuung, 2. Aufl., Wissenschaftliche Buchgesellschaft, Darmstadt 1970d

Thomas, K.: Methodik der geistigen Arbeit. Enke, Stuttgart 1972b

Thomas, K.: Träume – selbst verstehen. Thieme, Stuttgart 1972c

Thomas, K.: Seelische Störungen erkennen, vermeiden und heilen. Thieme, Stuttgart (in Vorbereitung)

Weiser, E.: Der hochbegabte Erstgeborene. In: Med. heute 14 (1971), 24–26

Ein besonderer Dank gebührt der Deutschen Forschungsgemeinschaft, die die Arbeiten zu diesem Buch gefördert hat. Weiterhin sei dem Kollegen Dr. K. Wolff in Basel gedankt, der durch eine sorgfältige kritische Durchsicht des Manuskriptes und seine Anregungen die Arbeit nachhaltig unterstützt hat.

Namenverzeichnis

Sachverzeichnis